Iss mei Hut noch do?

Zwei Saarländer auf dem Jakobsweg

Tagebuchaufzeichnungen von Klaus Maria Müller
Fotos von Bernd Schmidt

Bibliografische Information Der Deutschen Bibliothek
Die Deutsche Bibliothek verzeichnet diese Publikation in der Deutschen Nationalbibliografie; detaillierte bibliografische Daten sind im Internet über http://dnb.d-nb.de abrufbar.

ISBN 978-3-00-023450-7

Umschlaggestaltung und Satz: Markus Dawo
Druck und Bindung: PRISMA Verlagsdruckerei, Saarbrücken

Zum besseren Verständnis

Der Autor dieses Buches ist ein Saarländer und pilgerte auf dem Jakobsweg.

Deshalb sind die Dialoge, die von Klaus und seinem Pilgerbruder Bernd auf dem Camino geführt wurden, auch im saarländischen Dialekt wiedergegeben, um so authentisch wie möglich zu sein.

Dieses Buch ist jedoch nicht nur ein Buch für Saarländer.

Es ist auch ein Buch für all diejenigen, welche sich von diesem Weg inspirieren lassen, der von Frankreich über die Pyrenäen quer durch Spanien führt.

Für Nicht-Saarländer müssen deswegen einige Begriffe erläutert werden:

Nüssje bedeutet soviel wie saarländisches Weichei. Ist aber längst nicht böse gemeint. Im Gegenteil: Unsympathische Menschen würde man mit solch einer Begrifflichkeit nicht ehren.

Rindvieh sagt man zu einem lieben Menschen, wenn er sich selbst eine Falle stellt, und dies nicht einmal bemerkt, obwohl sein geistiger Horizont dies durchaus zulassen würde.

Rindvieh sagt man auch zu einem lieben Menschen, wenn man von ihm auf die Schippe genommen wird, und dies nicht sofort wahrnimmt. Es ist sozusagen das Eingeständnis kurzzeitiger geistiger Trägheit.

Schisser sagt man zu jemandem, der bei der erst besten Gelegenheit in die Hose macht. Also ein typischer Hasenfüßler, der selbst vor seinem eigenen Schatten flieht.

Dieses Buch ist auch

ein Buch der Begegnungen inner- und außerhalb der Herbergen,

ein Buch über die Pilgerautobahn und das Wettrennen um die Betten,

ein Buch über die Wege, die selten hässlich, manchmal langweilig, und oft unbeschreiblich schön sind,

ein Buch über die Pilger und ihre Beweggründe, den Camino zu gehen,

ein Buch über die Schmerzen und Leiden jeder Etappe,

ein Buch über eine Pilgerhochzeit in der Kathedrale von Santiago und schließlich

ein Buch, das mit dem krönenden Abschluss in Finisterre, dem ehemaligen Ende der Welt, endet.

Für Moni und Elisa
die stets bei mir waren

Ich danke meinem Freund Bernd
für seine Tapferkeit, mich zu begleiten.
Ohne ihn wäre ich
verhungert, verdurstet und erfroren.

Ich danke auch
meinem Knie dass es durchhielt
meinen Füßen für ihr dickes Fell
meinen Ohren für das Wahrnehmen der vielen Geräusche
meiner Nase für das Aufnehmen der guten Gerüche
meinem Mund für das lange Schweigen
meiner Frau für ihre Gegenwart und Geduld
meiner Tochter für viel Aufmunterung und SMS-Küsse
meinen Verwandten und Freunden für ihre Gedanken
meinen Arbeitskolleginnen und -kollegen für ihre Unterstützung
meinen Mitpilgern für die stets offenen Gespräche
und nicht zuletzt mir selbst für die Entscheidung
den Camino zu gehen.

Dieser Weg ist
Bewegung und Erkennen

Er führt an ein Ziel

Und dieses Ziel
bist du selbst

Du bist das Ziel

Inhaltsverzeichnis

	Die Idee	13
19. Mai 2007	*Biesingen – Hahn – Saint-Jean-Pied-de-Port*	17
1. Etappe	*Saint-Jean – Roncesvalles*	28
2. Etappe	*Roncesvalles – Larrasoana*	41
3. Etappe	*Larrasoana – Pamplona*	56
4. Etappe	*Pamplona – Puente de la Reina*	67
5. Etappe	*Puente de la Reina – Estella*	74
6. Etappe	*Logrono – Navarrete*	80
7. Etappe	*Navarrete – Najera*	88
8. Etappe	*Najera – Santo Domingo de la Calzada*	100
9. Etappe	*Burgos – Hontanas*	108
10. Etappe	*Hontanas – Boadilia del Camino*	119
11. Etappe	*Boadilia del Camino – Fromista*	130
12. Etappe	*Leon – San Martin del Camino*	140
13. Etappe	*Ponferrada – Villafranca del Bierzo*	164
14. Etappe	*Villafranca del Bierzo – La Faba*	169
15. Etappe	*La Faba – Triacastela*	175
16. Etappe	*Triacastela – Sarria*	180
17. Etappe	*Sarria – Portomarin*	185
18. Etappe	*Portomarin – Palas de Rei*	192

19. Etappe	*Palas de Rei – Arzua*	198
20. Etappe	*Arzua – Pedrouzo*	202
21. Etappe	*Pedrouzo – Santiago de Compostela*	208
12. Juni 2007	*Santiagooooo*	212
13. Juni 2007	*Messe und Pilgerhochzeit in der Kathedrale*	217
14. Juni 2007	*Abschluss in Finisterre*	226
15. Juni 2007	*Letzter Tag*	228
16. Juni 2007	*Aufbruch und Abflug*	231
16. Juni 2007	*Endlich wieder daheim*	233
	Nachwort	237

Die Idee

Ich hatte schon einiges über den Jakobsweg gehört.

Ende Dezember 2006 war ich mit meiner Familie von meinem Vater und seiner Lebensgefährtin für eine knappe Woche nach Bad Füssing eingeladen worden.

Während dieses Kururlaubes las ich das Buch von Hape Kerkeling mit dem aussagekräftigen wie markanten Titel: *Ich bin dann mal weg*, welches meine Frau mir zu Weihnachten schenkte.

Es gefiel mir wegen der lockeren Schreibweise und seiner Kurzweiligkeit sehr gut.

Ich beschäftigte mich vor dieser Lektüre schon länger mit dem Gedanken, den Jakobsweg zu gehen. Dieses Buch gab dann den Ausschlag. Fortan war ich wie elektrisiert.

Ich besorgte mir alle möglichen Informationen über den Camino, war regelrecht fasziniert, schließlich besessen davon, ihn zu gehen und seine Herausforderung anzunehmen.

Aber ich konnte mich nicht endgültig entschließen. Vor allem, weil ich nicht allein laufen wollte. Daran schien es zu scheitern.

Im Februar dieses Jahres sind bei mir zuhause in meinem kürzlich fertig gestellten Wintergarten drei liebe Kollegen zu einem Herrenabend eingeladen. Stefan Schütz kocht eine wunderbare Lasagne, das Bier ist richtig temperiert, die Durstseligkeit stellt sich gleich ein, wir haben viel Spaß miteinander und führen interessante Gespräche.

Etwa gegen drei Uhr am frühen Morgen, etwas durch den Alkohol benommen, streue ich so plötzlich wie intuitiv aus keinem konkreten Zusammenhang heraus in die Runde: »Ich würd gehr emol de Jakobswee laafe.«

»Ich laaf mit«, folgt die prompte Erwiderung.

Erstaunt, um nicht zu sagen völlig perplex, blicke ich um mich. Der so spontan wie impulsiv reagiert hat ist kein geringerer als Bernd Schmidt.

»Kennsch de denne Wee iwwerhaupt?«, frage ich ihn daraufhin, und meine Stimme klingt irgendwie gereizt.

»Klar, ich hann schunn driwwer gelest.«

»Unn du willsch ne trotzdem gehn?«

»Sonscht hätt ichs nett gesaht.«

»Man saht manchmol viel, besonnersch an so nem Owend unn zu so ner alkoholgesellisch Zeit.«

»Mahn jo alles sinn. Awer ich würd ne werklich gehr gehn.«

»Unn das iss jetzt kenn Biergespräch?«

»Nee, isses nett.«

»Ich würd a gehr mitgehn«, mischt sich Stefan Schütz jetzt ein, »awer ich kann leider nett weje meim blöde Gestell. Ich könnt noch nett emol mim Fahrrad denne Wee fahre.«

Stefan ist Diabetiker, sein linker Fuß verformt, seit Monaten entzündet, der Knochen porös. Zur Unterstützung trägt er eine Laufhilfe in Form eines stabilen Schuhs, der den gesamten Unterschenkel bis fast zum Knie einnimmt, um dem Fuß Schonung und Stabilität zu geben.

»Dich würd ich mitnemme.«

»Mich nett?«, donnert Bernd daraufhin so laut wie beleidigt in die Runde.

»Nadierlich, Großer. Dich a.«

»Unn warum holsch de mich dann nett mit?«

»Das hann ich nett gesaht.«

»Gutt. Wann gehn mer?«

»Hör zu. Der Wee iss vedammt schwer«, versuche ich ihm gleich jede Illusion zu nehmen, »der iss kenn Honischschlecke. Das kann ich dir sahn. Unn um die lang Streck einischermaße se bewäldische, müsse mer mindeschtens vier Woche Urlaub mache. Quatsch, was sahn ich Urlaub. Wie komm ich do druff? Urlaub iss das nämlich nett. Das werrd e Qual. Denn der Wee iss noch weider wie dei allerkühnschde Gedanke reiche. Ich will nämlich so zwische fünf- unn sechshunnert Kilometer marschiere. Unn das bei Wind unn Wetter mit em ziemlich schwere Rucksack off de Schullere.«

»Mach dir mol um mei Gedanke kenn Kummer. Ab wo willsch de dann laafe?«

»Saint-Jean-Pied-de-Port, Frankreich.»

»Iwwer die Pyrenäe?«

»Sinn dort die Pyrenäe?«

»Iss unser Gaschtgeber heit mol wedder besonnersch witzisch?«

»Ich wollt nur mol geistreich riwwerkomme.«

»Wie sollen das gehn?«

»Danke für dei Nettischkeht.«

»Koscht jo nix. Hasche de Hape Kerkeling gelest?«

»Jo, war nett schlecht das Buch. Der iss a iwwer die Pyrenäe gang unn dann bis noh Santiago.«

»Ich bin debei.«

»Iss das jetzt werklich dei völlischer Ernscht?«

»Ich denk schunn.«

»War das jetzt e Drohung?«

»Was?«

»Dass de denkscht. Konnt ich jo nett unbedingt mit rechne.«

»Dann sahn ich dir Folgendes: Wenn de rechne kannscht, dann rechen ab heit mit mir.«

Gesagt, getan. Wir einigten uns an jenem Abend darauf, die ganze Angelegenheit noch einmal zu überdenken, einfach mal setzen zu lassen und etwas Abstand zu gewinnen, um dann das Thema später wieder aufzunehmen, anzusprechen und durchzudiskutieren.

Vier Wochen später sitzen wir erneut bei mir zuhause, fest entschlossen für den 19. Mai den Hin- und für den 16. Juni den Rückflug zu buchen.

Im Internet sind wir fast schon dabei, wir haben die bewusste Seite mit allen erforderlichen Angaben ausgefüllt, es bedarf nur noch eines lächerlichen Klicks, als wir plötzlich wie auf Kommando unisono zaudern, daraufhin kurz entschlossen den Computer ausschalten, uns wieder in den Wintergarten begeben und abermals überlegen, ob wir denn dieses heiße Eisen nun tatsächlich anpacken sollen.

Jetzt erst findet die Idee, allerdings nach zwei Flaschen Bier Verstärkung, ihren mentalen Abschluss, und kurz darauf buchen wir.

Meine Idee war Wirklichkeit geworden. Es galt nun noch, sie auch tatkräftig und mit dem nötigen Augenmaß umzusetzen und auszuführen.

In den nächsten Wochen erstellten wir dann eine Liste mit allen Kleidungsstücken und Utensilien, die wir mitnehmen wollten.

Bernd kümmerte sich um die Jakobspässe, um ein Empfehlungsschreiben der Katholischen Kirche und den Reisesegen seines ehemaligen Heimatpfarrers. In der Vorbereitungsphase zu unserer Pilgerreise liefen wir dann mehrmals gemeinsam mit einem Zehn-Kilo-Rucksack durch den Warndt und den Bliesgau. Unsere längste Strecke betrug 26 Kilometer. Nach dreimonatigem, intensivem Training glaubten wir, für das Abenteuer gerüstet zu sein. Es ging ab nach Frankreich, um die Pyrenäen nach Spanien zu überqueren.

Der Jakobsweg wartete.

19. Mai 2007
Biesingen – Hahn – Saint-Jean-Pied-de-Port

Gegen sechs Uhr in der Frühe holt mich mein Chauffeur und Freund Albert zu Hause ab. Wir fahren von Biesingen nach Klarenthal, wo mein Jakobsbruder Bernd auf uns wartet.

Um 06:30 Uhr erhalten wir in der Heidstocker Kirche den Reisesegen.

Wir treffen pünktlich dort ein. Der Pfarrer steht schon vor dem Pfarrhaus. Wir begrüßen uns, betreten die Kirche, gehen still zum Altar, und die Zeremonie kann beginnen.

Albert schießt Fotos.

Wir beten gemeinsam, sprechen nach, beten selbst vor, dann liest der Pfarrer Psalm 91, der mir gut gefällt, und den ich hier wiedergebe:

Wer im Schutz des Höchsten wohnt und ruht im Schatten des Allmächtigen, der sagt zum Herrn: »Du bist für mich Zuflucht und Burg, mein Gott, dem ich vertraue.«

Der Herr rettet dich aus der Schlinge des Jägers und aus allem Verderben. Er beschirmt dich mit seinen Flügeln, und unter seinen Schwingen findest du Zuflucht. Schild und Schutz ist dir seine Treue. Du brauchst dich vor dem Schrecken der Nacht nicht zu fürchten, noch vor dem Pfeil, der am Tag dahin fliegt, nicht vor der Pest, die im Finstern schleicht, vor der Seuche, die wütet am Mittag. Fallen auch tausend zu deiner Seite, dir zur Rechten zehnmal tausend, so wird es doch dich nicht treffen. Ja, du wirst es sehen mit eigenen Augen, wirst zuschauen, wie den Frevlern vergolten wird. Denn der Herr ist deine Zuflucht, du hast dir den Höchsten als Schutz erwählt. Dir begegnet kein Unheil, kein Unglück naht deinem Zelt. Denn er befiehlt seinen Engeln, dich zu behüten auf all deinen Wegen. Sie tragen dich auf ihren Händen, damit dein Fuß nicht an einen Stein stößt. Du schreitest über Kadaver und Nattern, trittst auf Löwen und Drachen.

»Weil er an mir hängt«, sagt der Herr, »will ich ihn retten, ich will ihn schützen, denn er kennt meinen Namen. Wenn er mich anruft, dann will ich ihn erhören. Ich bin bei ihm in der Not, befreie ihn und bringe ihn zu Ehren. Ich sättige ihn mit langem Leben und lasse ihn schauen sein Heil.«

Der Seelsorger gibt uns daraufhin den Reise- respektive den Pilgersegen. Wir bekreuzigen uns. Es folgen persönliche Worte des Pfarrers, der uns bittet, in Santiago auch für ihn zu beten, denn ihm stehe eine schwierige Diät bevor, dann wünscht er uns viel Glück auf unserer schweren Reise.

Wir brechen auf.

Gegen 08:30 Uhr kommen wir am Flughafen Frankfurt-Hahn an. Wir lassen die Rucksäcke einschweißen, nehmen unsere Flugtickets in Empfang, und gehen zunächst einmal frühstücken. Es verbleibt noch genügend Zeit bis zum Abflug. Als wir später durch die Kontrolle müssen, wendet sich eine Sicherheitsbeamtin an Bernd: »Den Hut bitte auch auf das Laufband legen.«

»De Hut?«, erwidert Bernd erschrocken, »wo iss dann mei Hut?«

Die Dame grinst ihn an.

»Auf Ihrem Kopf.«

Fängt ja gut an, Herr zerstreuter Professor, denke ich belustigt und erspare mir zu meinem völligen Erstaunen jeglichen Kommentar.

Pünktlich um 10:55 Uhr startet das Flugzeug.

Um 12:40 Uhr landen wir in Biarritz. Es ist bewölkt, aber nicht kalt. Wir stehen vor dem Flughafen an der Haltestelle und warten.

»Hoffentlich kommt de Bus. Nett dass mer uns do die Been in de Bauch stehn«, meint Bernd in seiner humorigen Art.

»Wenn ich an dir so runnergucke, würdsch de dei Strampler noch unnerkrien.«

»Nix geje mei Bauch. Der hat schließlich Geld koscht.«

»Unn nett so wennisch.«

»Heit mol wedder am Ausdehle?«

»Nee, so wie immer. Es schad dir mit Sicherheit nix.«

»Wenn de mennscht, mei Pilscherbruder.«

Bernd grinst ironisch wie ein Honigkuchenpferdchen. Dieses Grinsen fordert mich irgendwie heraus, belebt meine nicht so zart ausgeprägten verbalen Reflexe. Ich muss noch einen draufsetzen.

»Siehscht noch ziemlich blass aus. Hasch de im Flugzeug Schiss gehat?«

»Ich bin immerhin es ehrschte Mol gefloh. War ich nett tapfer?«

»Hascht dich wacker gehall. Bischt iwwerhaupt nett positiv offgefall.«

»Do bin ich jo beruhischt. Ich hätt nur richtisch Schiss kriet, wenn de Pilot mim Fallschirm vorbeigefloh wär. Do hätte mer de Jakobswee bereits hinner uns, bevorer iwwerhaupt angefang hat.«

»Zur Not wär ich gefloh«, übertreibe ich meine Fähigkeiten schamlos.

»Jo, veleicht noher aus de Bahnhofskneip.«

»Du denkscht doch immer nur ans Trinke.«

»Im Moment denk ich iwwers Wetter noh. Das müsst morje a so sinn wie heit. E bissje bewölkt. Nett soviel Sonne. Do hätte mers leichter iwwer die Pyrenäe.«

»Ich muss dich enttäusche. Rehn iss angesaht.«

»Oh Schreck loss noh.«

Der Bus kommt tatsächlich.

Um 13:30 Uhr fahren wir nach Bayonne. Besser gesagt, wir rasen nach Bayonne. Denn der Busfahrer fährt so schnell, als wäre der leibhaftige Teufel hinter ihm her.

Ein paar Autos, denen er brutal die Vorfahrt nimmt, legen eine Vollbremsung hin, hupen verärgert, gestikulieren wild, blinken auf, finden sich dann aber zähneknirschend damit ab, dass sie bei einem Crash ohnehin den Kürzeren ziehen würden und fahren machtlos hinterher.

Der Fahrer nimmt auf nichts und niemanden Rücksicht. Auch nicht auf seine Insassen, selbst wenn diese alte, zerbrechliche Leute sind, die leise vor sich hin trauern, weil sie keinen Sitzplatz haben. Der Bus ist randvoll. Ich muss auf mich und meinen Rucksack gut aufpassen, um nicht auf der Nase zu landen. Verkrampft halte ich mich an einer Stange fest, und schließe hin und wieder unsanfte Rückenbekanntschaft mit der harten Businnenverkleidung.

Bei der Ankunft in Bayonne marschieren wir sofort zum Bahnhof und lösen die Fahrkarten.

Wieder fast eine Stunde Wartezeit. Wir kaufen jeder eine Cola, und setzen uns an den Gleisen auf eine Bank.

Um 15:07 Uhr besteigen wir den Zug nach Saint-Jean. Ankunft um 16:20 Uhr.

Der Zug ist voll mit Pilgern. Überall Rucksäcke. Mir schwant nichts Gutes.

»Was wolle die dann all do?«, fragt Bernd.

»Das sinn a Muschelsucher.«

»Unn die gehn wie mir iwwer die Pyrenäe.«

Bernd stellt keine Frage, er schüttelt vielmehr ungläubig den Kopf, weil er den Ernst der Lage erfasst.

»Mach de Mund zu. Die lasse mer schnell hinner uns.«

»Es sinn viel Junge debei«, wittert Bernd die starke Konkurrenz, »do könne mer nett mithalle, die mache uns nass.«

»Bei de geringscht Herausforderung mache die doch schlapp«, wiegele ich ab, aber lange nicht so sicher wie meine Worte klingen.

»Heer off. Die renne uns devunn.«

»Im Lewe nett. Dir veleicht. De neischde bisch de jo nimmeh.«

»Rindvieh.«

»Das duht jetzt awer weh.«

»Es muss weh duhn.«

Bernds Replik kommt spontan und wir lachen herzhaft darüber.

Bei der Ankunft in Saint-Jean trabt sofort eine ganze Pilgerschar im Eilmarsch in Richtung Pilgerbüro, um sich einen Pilgerstempel abzuholen und eine Unterkunft vermittelt zu bekommen. Wir trotten geduldig hinterher, wie im Laufe unserer Reise allzu oft, und stehen kurze Zeit später in einer Reihe mit vielen Pilgern. Wir müssen nicht wenig Geduld aufbringen, um in das kleine, spartanisch eingerichtete Aufnahmebüro vorzudringen.

Die Herberge dahinter ist längst überfüllt. Niemandem wird mehr Einlass gewährt. Die Türen sind geschlossen und werden sich auch heute nicht mehr öffnen.

Schließlich sind wir an der Reihe. Wir setzen uns an einen Tisch, füllen die vorgelegten Zettel mit den gewünschten Angaben aus, bezahlen sieben Euro pro Mann, bekommen eine Zahlkarte und werden respektvoll aufgefordert, uns in die hintere Ecke des kleinen Raumes zu verdünnisieren, um Platz zu schaffen für nachdrängende, inzwischen schon genervte Pilger.

Diesem Anliegen kommen wir natürlich höflich nach, und hören nach einiger Zeit immer wieder »no problem, no problem« in unsere Richtung schreien, obwohl wir im Moment ja eigentlich kein Problem haben.

Könnte sich ja bald ändern, denke ich fast vergnügt, ohne zu wissen, wie nahe ich der Realität bin.

Wir warten und warten. Keiner kümmert sich um uns. Wir stehen, scheinbar überflüssig wie das fünfte Rad am Wagen, weiter in der Ecke des viel zu kleinen Büros, welches dem großen Ansturm offensichtlich nicht gewachsen ist, und verharren reglos in Hoffnung einer sich bald anbahnenden Lösung.

Noch sind wir gelassen, und warten ab, was auf uns zukommt.

Nichts geschieht. Pilger für Pilger setzen sich an die Tische. Ich schaue die Stempelmänner, welche auch die Zimmer koordinieren, vor allem den Stempelmann, bei dem wir bezahlt haben, so vorwurfsvoll wie möglich und so intensiv wie nötig an. Ich bemühe mich, uns in gute Erinnerung zu bringen, ihn dabei aber auf keinen Fall zu verärgern, und höre nur stereotyp von ihm immer wieder »no problem, no problem«.

Weiteres Warten ist also angesagt. Aber vorerst bewegt sich nichts. Wir atmen eine Menge Geduld ein. Schließlich sind wir auf Pilgerreise und nicht auf der Flucht. Unsere erste Etappe beginnt erst morgen, also haben wir Zeit.

Sehr viel Zeit. Die wir allerdings nicht allzu gerne damit verschwenden, hier sinnlos herum zu sitzen und die Tapeten an der Wand zu zählen.

Die Stempelmänner reden jetzt wild durcheinander, gestikulieren, werden von Pilgern bedrängt, diskutieren mit ihnen, halten inne, und wissen anscheinend nicht weiter. Dann beratschlagen sie erneut.

»Mennsch de die hann alles im Griff?«

»Nee«, antwortet Bernd, »die wisse nett was los iss. Jede Wett. Guck doch emol wie nervös die sinn. Die komme nett weider. Hoffentlich krien mer e Quartier.«

»Offem Boddem schlof ich jedenfalls nett.«

»Besser als im Stehn se schlofe, du Schof.«

»Danke, das Kompliment war jetzt so unneetisch wie e Kropp«, gebe ich mich getroffen.

»Sei nett so etepetete. Kennscht mich doch.«

»Jo, leider.«

Der zweite Stempelmann steht irgendwann genervt auf, ruft schließlich irgend einen Namen lieblos in den Raum hinein. Keine Reaktion. Er wiederholt den selben noch einmal, nichts rührt sich, weil ihn keiner so richtig versteht. Unaufgefordert melden wir uns so spontan wie raffiniert. Er mustert uns ein wenig erstaunt, nuschelt dann irgend so etwas wie *mir folgen* in seinen nicht vorhandenen Bart hinein. Jedenfalls deuten wir das so, weil wir des Ausharrens in der Ecke einfach müde und überdrüssig sind, und laufen wie im Gänsemarsch hinter ihm her.

Etwa zwanzig Pilger schließen sich uns an.

Wir defilieren durch den ganzen Ort, biegen rechts ab eine kleine Anhöhe hinauf, und stehen vor einem klotzigen, länglichen Gebäude.

Von außen sehr unansehnlich, eigentlich hässlich, aber bestimmt genügend Platz für die paar Leute.

Als wir das Gebäude betreten, hat dies den Charakter einer Notunterkunft. Im wahrsten Sinne des Wortes. Alles scheint im letzten Augenblick improvisiert worden zu sein. Mit einem solchen Pilgeransturm hat wohl niemand hier gerechnet.

Es gibt keinen Schlüssel für die Eingangstür, die außerdem klemmt und sich gar nicht richtig schließen lässt. Einen einzigen Lichtschalter im Flur, der für alle Zimmer bestimmt ist, was heißt, man kann sie nicht individuell beleuchten, an den Doppelbettzimmern sind keine Türen angebracht. Das ganze Ambiente gleicht einem herunter gekommenen Krankenhauskorridor. Alles sieht ziemlich schmutzig aus. Wir haben ein Fenster, das nicht viel größer als eine Luke ist.

»Das Fenschder do hat enn kleener Vorteil: du kannscht nett rausfalle«, witzelt Bernd.

»Du schunn«, spiele ich auf seine relativ kleine Körpergröße an.

»Blödmann.«

Wir stellen den Rucksack ab und setzen uns auf das Bett. Grinsen uns an. Toll, denken wir, Luxus pur. Haben wir ja so gewollt, denn niemand hat uns zu dieser Pilgerreise gezwungen. Also auf die Zähne beißen, damit abfinden, den unverdaulichen Brocken hinunter schlucken. Hauptsache keine Ratten im Haus. Die sanitären Anlagen sehen einigermaßen annehmbar aus. Natürlich kein 4-Sterne-Luxus-Hotel, aber das war ja auch nicht unbedingt zu erwarten. Wir Pilger stehen jetzt zusammen und schielen uns an. Keiner schimpft. Es ist ja nur für eine Nacht. Wird schon zu ertragen sein.

Wir wundern uns nur über den fragwürdigen Zustand der Behausungen und beziehen die Zimmer.

Dann nichts wie ab, in das Zentrum von Saint-Jean, Essen fassen. Wir haben einen Mordsappetit. Aber erst ab 19:00 Uhr, so gibt man uns zu verstehen, wird Abendessen angeboten.

Also vertreiben wir uns die Wartezeit damit, uns die Stadt etwas genauer anzusehen. Ganz angenehmes Flair, klein und überschaubar, viele Leute, viele Touristen, keine Pilger, denn wir sind zu diesem Zeitpunkt ja noch keine wirklichen Pilger.

Wir schlagen die Zeit damit tot, ein, zwei Bier zu trinken.

Dann begeben wir uns in eine Pizzeria, der einzigen im Ort, essen eine Pizza, trinken noch ein, zwei überteuerte Bier, gehen wieder zurück in diese Kloake von Unterkunft, und beschließen sofort einzuschlafen, um das dreckige Bett, auf dem wir liegen, zu vergessen.

Ich nehme meinen Schlafsack, breite ihn aus, lege mich hinein, ziehe den Reißverschluss bis zum Hals zu, möchte das Verließ und den penetranten Chlorgeruch um mich herum so schnell wie möglich verdrängen, und meine hoffentlich angenehmen Träume in einem gesunden Schlaf ausleben.

Hauptsache wir sind heute hier glücklich angekommen und morgen geht es los.

Ich kann es schon gar nicht mehr erwarten. Unsere erste Etappe. In der Nacht muss ich dann auf die Toilette. Dummerweise beleuchte ich den ganzen Flur, wenn ich den einzigen Lichtschalter betätige. Ich möchte also Rücksicht nehmen, und suche meine kleine Taschenlampe im Rucksack. Natürlich finde ich sie nicht. Ich leere den gesamten Rucksack aus, entdecke sie immer noch nicht.

Es ist auch ziemlich dunkel, das Fenster nicht viel größer als eine Schießscharte, durch die wenig Licht der Nachtlaternen hereinfällt.

Schließlich finde ich sie in meiner gelben Mappe, in der ich verschiedene Arzneien, Frischhaltetücher, Blasenpflaster etc. untergebracht habe.

Die Taschenlampe fällt mir aus der Hand, als ich sie gerade einschalten möchte. Bernd murmelt ungehalten etwas neben mir. Ich krabbele auf dem wohl nicht allzu sauberen Boden herum, stelle mir die größten wie widerlichsten Schaben dabei vor, suche verzweifelt nach der Lampe, und werde nach einiger Zeit endlich fündig. Das wäre geschafft. Jetzt aber auf zur Toilette. Es ist kalt. Ich friere in meinen sexy Unterhosen. Beeilung ist angesagt. Dass mich ja keiner sieht. Ich finde den Lichtschalter nicht gleich. Zurück. Wo die Taschenlampe verstauen?

Die Kleidungsstücke, welche auf dem Bett verstreut herum liegen, stopfe ich zunächst wieder in den Rucksack, ich stopfe und stopfe einfach hinein, aber irgendwelche Klamotten sind immer zuviel. Das wird mir jetzt doch zu dumm, ich lege die übrig gebliebenen Textilien kurz entschlossen auf den Rucksack, schiebe ihn neben das Bett, und lege mich wieder hin. Die Taschenlampe verwahre ich unter meinem Kopfkissen. Das wäre geschafft.

Morgen in der Frühe geht es los. Ich bin schon ganz aufgeregt. Diese Nacht wird schnell vorbei sein. Ich sehe mich schon Bergeshöhen erklimmen, während Bernd neben mir bereits schnarcht.

Wie soll ich da einschlafen?

Verdammt, wo sind denn mein Geld- und Leibbeutel mit dem Personalausweis, der Scheckkarte und den Geldscheinen geblieben? Ruckzuck aus dem Schlafsack heraus, Taschenlampe wieder an. Gemurmel von Bernd. Nicht sehr freundlich. Er fühlt sich gestört, hatte anscheinend keinen tiefen Schlaf. Ich kann seine Missfallenskundgebungen, auch wenn ich nicht jedes unbedingt so nette Wort verstehe, durchaus nachvollziehen, aber meine Geldbeutel sind mir in diesem Augenblick doch wichtiger als seine blöde Nachtruhe.

Also breite ich meine Klamotten erneut auf dem Bett aus, wühle akribisch in dem Wust herum, finde schließlich Geldbeutel in Hosentasche und Leibbeutel am Gürtel meiner Funktionshose, wo sie tagsüber während der Wanderung auch hingehören.

Ich verstaue Geld- und Leibbeutel sowie die Taschenlampe unter meinem Kopfkissen, packe meine Siebensachen in der Eile der Nacht nicht sehr sorgfältig wieder ein, werfe die aus diesem Grund übrig gebliebenen Kleidungsstücke einfach auf den Rucksack, gebe ihm wütend einen Tritt, dass er in die Ecke fliegt, lege mich erneut in meinen Schlafsack, möchte ihn zuziehen, um endlich einzuschlafen, damit die wohl verdiente Nachtruhe einkehren möge, als der Reißverschluss nicht funktioniert. Er lässt sich nicht mehr schließen, er klemmt. Wo ist die Taschenlampe? Richtig, unter Kopfkissen. Also Taschenlampe abermals zur Hand, Reißverschluss anstrahlen, ist irgendwie ausgefädelt. Nichts zu machen.

Erzürnt lege ich die Taschenlampe wieder unter das Kopfkissen, kuschele mich erneut in den Schlafsack, wickele ihn um mich herum, um ja keine Bettlakenberührung zu erfahren, und endlich schlafen zu können.

Ankunft in Saint-Jean-Pied-de-Port

Wird ja auch langsam Zeit. Morgen geht es los. Das große Abenteuer Pyrenäenüberquerung. Unsere erste Etappe. Gespannt darauf. Hoffentlich spielt das Wetter einigermaßen mit. Die Prognosen sind eher schlecht.

Trotz Ärger mit Unterkunft und Rucksack Vorfreude darauf.

»Bisch de soweit?«, flüstert Bernd ungehalten.

»Jo, alles klar.«

»Gott sei Dank. Jetzt könne die Pilscher endlich schlofe. De Klaus macht die Aue zu.«

20. Mai 2007

1. Etappe Saint-Jean-Pied-de-Port – Roncesvalles

26 km

Ich erwache am Morgen mit Halsschmerzen. Das hat gerade noch gefehlt. Nützt nichts, nicht lamentieren, sondern aufstehen, Zähne putzen, duschen oder waschen, je nachdem wie die Dusche aussieht, Rucksack vernünftig packen, überziehen, losgehen. Es gibt keine Alternative.

Panorama auf St. Jean-Pied-de-Port

Der Rucksack ist definitiv zu schwer. Er wog auf dem Flughafen 12,9 kg, und das ohne Wasserflaschen. Er drückt rückwärts, als wolle er wieder nach Hause laufen, der Gurt schneidet mir in die Schulter hinein, ich komme mir vor wie ein Lastesel, dem man hin und wieder die Peitsche geben muss, damit er in Schwung kommt. Und der Einpeitscher ist Bernd.

»Jetzt werr endlich emol fertisch mim Rucksack. Das nervt ohne Enn.«

»Ich bin doch do nett off de Flucht. De Rucksack packe dauert schließlich sei Zeit. Muss jo alles richtisch vestaut werre.«

»Bis du fertisch bischt, sinn die annere schunn offem Bersch.«

»Rehsch dich ab. Hann schließlich Halsweh. Muss nur noch e Tablett schlucke.«

»Do siehn ich jetzt schwarz. Wahrscheinlich hasch de die Tablette zwische de Schtrümp leie odder als Ersatzbatterie in de Taschelamp vestaut.«

»Kenn Bange. Ich hann alles im Griff, bin total durchorganisiert, wes ganz genau, wo alles leit.«

»Ich siehns. Häscht dehemm de Rucksack besser sellwerr gepackt anstatt es Moni das mache se lasse. In vier Woche muss ich wedder schaffe gehn. Mennsch de dass de bis dohin so weit bischt?«

Ich bin dann so weit. Gegen 07:30 Uhr brechen wir auf.

Unsere erste Etappe. Es ist stark bewölkt, aber es regnet nicht. Wir gehen zuerst in die Stadt. Jeder kauft sich ein Baguette Fromage und zwei Flaschen Wasser.

An dieser Stelle muss ich zugeben, dass ich lieber gleich ohne Essen und Trinken aufgebrochen wäre. Zur kleinen Bäckerei waren es immerhin fast 500 Meter. Bernd bestand aber vernünftigerweise darauf, wie ich im Nachhinein zugeben muss ein weiser Entschluss.

»Mir könne doch in de Dörfer unnerwegs was hole«, stelle ich ungeduldig fest. Ich will endlich aufbrechen. Glaube den Berg schon rufen zu hören.

»Wo sinn dann do Dörfer? Neschder sinn das. Sonscht nix. Ich gehn doch kenn Risiko inn unn duhn bei de ehrscht Etappe schunn vehungere unn vedurschde.«

»Schwättz doch nett. Mir komme an genunk Dörfer vorbei. Do

kriesch de iwwerall was. Do müsse mer jetzt doch kenn Umwee mache.«

»Was dann ferr Umwee?«

»Das sinn immerhin fascht fünfhunnert Meder.«

»Unn? Wie weit gehn mer dann bis Santiago? Mennsch de do kommts off die paar hunnert Meder an? Ich gehn mer jedenfalls was hole. Du kannscht jo do off mich warte, wenns dir so weit iss.«

Widerwillig schließe ich mich ihm an. Hier auf ihn zu warten wäre auch zu blöd gewesen.

Nach der Besorgung laufen wir auf einer Asphaltstraße zur Rue Napoleon, unserer Route, zuerst eine Weile relativ flach und kurvig, dann etwas ansteigend. Wir kommen schnell ins Schwitzen. Schließlich geht es steil nach oben. Belastet ganz schön die Beinmuskulatur. Wir müssen tief durchatmen. Fast berühren wir mit der Nasenspitze den Boden, so mühselig geht es bergauf.

Wir kommen nur langsam voran. Der Rucksack drückt. Ich bleibe hin und wieder stehen, beuge mich vornüber, um meinem Rücken etwas Entlastung zu gönnen. Das tut gut.

Dann erste Rast. Pilgersammelstelle. Viele erschöpfte, verschwitzte Gesichter. Rucksack ab, trinken, ausschwitzen, verschnaufen. Pause.

»Wo sinn denn dei Dörfer?«, fragt Bernd, der jetzt gerne rechthaberisch ist.

»Die komme noch.«

»Ich siehns. Dorf an Dorf, du Rindvieh. Wehsch de was, du schwättscht so intelligent wie zehn Saudumme.«

»Das duht jetzt awer weh.«

»Dann musses emol weh duhn.«

Was soll ich sagen? In der Tat sehe ich kein Dorf. Nicht das kleinste. Nicht einmal vereinzelt Häuser. Deshalb überlasse ich ihm, ganz meine bescheidene, unauffällige Art, das letzte Wort.

Wir streifen den Rucksack wieder über, und helfen uns gegenseitig dabei, indem wir ihn anheben, was eine ziemliche Erleichterung bedeutet.

Wir gehen weiter. Immer weiter auf Höhe 650 Meter. Hier quartieren sich die ersten Pilger bereits in einer Herberge ein. Wir sind aber noch nicht müde genug.

Unser Etappenziel liegt schließlich in Spanien und noch ein gutes Stück weit entfernt.

Ich schwitze und schwitze. Und trinke und trinke.

»Sei e bissje zurückhaltend mim Wasser. Wenn de so weider saufscht, hasch de ball nix meh.«

»Hann awer Durscht ohne Enn.«

»Teil dich besser inn, sonscht gehsch de noher am Stock.«

»Besser noher als jetzt«, bleibe ich stur und trinke meinen Wasservorrat zu Ende. Die Flaschen sind bis auf den letzten Milliliter geleert.

Und unterwegs bisher nirgends ein Brunnen, kein Dorf, keine Häuser, nicht einmal verlassene.

Bernd hat Recht. Auf der ersten Etappe wäre ich schon verhungert und verdurstet, wenn ich nicht auf ihn gehört hätte. Aber ich hüte mich davor, dies einzugestehen.

Es geht nun konstant bergauf. Dann folgt ein flacheres Stück, schließlich sichten wir eine Bar.

»Land in Sicht.«

»Werrd awer a Zeit«, atme ich auf, »ich gehn schunn offem Zahnfleisch.«

»Unn ich immer noch off de Füß.«

»Zum Dotlache.«

In der Bar trinken wir Wasser und jeder zwei Kaffee. Noch sind wir ganz gut bei Kräften. Wir haben zu Hause schließlich fleißig trainiert. An guter Kondition dürfte es nicht mangeln. Draußen fängt es zu regnen an. Ich kaufe zwei Wasserflaschen, Bernd eine, da er noch eine gefüllte dabei hat. Wir zögern unseren Weitermarsch hinaus. Bernd schaut sich skeptisch den Himmel an. Geht hinaus. Kommt kopfschüttelnd herein, geht wieder hinaus. Eine Weile läuft er hin und her. Wir überlegen.

»Nützt nix. Das kann noch ewisch dauere.«

»Solle mer weider gehn?«, frage ich unentschlossen.

»Was mennscht dann du?«, beantwortet er meine Frage überaus entscheidungsfreudig mit einer Gegenfrage.

»Kenn Ahnung. Mir wolle heit awer a noch ankomme.«

»Jo, do hasch de eigentlich Recht. Mir duhn de Rehnschutz iwwer de Rucksack, ziehn die Rehnjack an unn dann nix wie ab.«

»Mache mer.«

Gesagt, getan. Wir stülpen den Regenschutz über unseren Rucksack, ziehen die Regenjacke an, die Kapuze auf den Kopf, den Stetson darüber, und marschieren los.

Es geht weiter steil bergauf, ein kontinuierlicher Anstieg.

Der Regen wird intensiver. Der Sturm auch. Schließlich orkanartige Böen, dann immer mehr Regen, sintflutartiger Regen, das Wasser peitscht uns nur so auf die Wangen, wir spüren es wie Nadelstiche auf der Haut, und biegen die Krempen unserer Stetsons als Schutz gegen die harten Tropfen um, was ein wenig Erleichterung verschafft. Die Krempe wird und muss das aushalten.

Immer weiter geht es bergauf. Auf dem Gipfel folgt der nächste Gipfel. Dann laufen wir im Nebel, stets begleitet von diesen orkanartigen Regenfällen. Es herrschen wirklich extreme Bedingungen, zudem ist der Wald- und Wiesenboden furchtbar matschig. Man muss höllisch aufpassen, nicht auszurutschen und der Länge nach hinzufallen.

Wir nehmen schon eine Weile unseren Stock zu Hilfe, der uns den Anstieg doch etwas erleichtert, und gehen, ohne viel zu reden, ganz auf unsere Etappe fixiert, diesen zermürbenden, schwierigen Weg. Wenn man annimmt, endlich oben zu sein, geht es noch weiter bergauf, immer weiter. Hinter jeder Anhöhe die nächste Anhöhe, die man nehmen muss.

Endlich ein Brunnen. Ich ziehe mich um, brauche jetzt trockene Klamotten, verstaue die nassen. Der Regen hat etwas nachgelassen. Ich trinke, fülle meine Wasserflaschen auf. Dann schnell wieder die Regenjacke an, es fällt erneut heftiger Regen. Jetzt laufen wir oberhalb des Nebels. Wir sichten eine große Schafherde. Kurz darauf stehen wir mitten in einer Wolke und sehen überhaupt nichts mehr. Wir passieren das Rolandsdenkmal, wühlen uns durch einen brutalen Schlammweg, in dem die Schuhe vollends versinken. Schuhe und Strümpfe sind jetzt durch und durch nass.

Endlich haben wir die Grenze Spaniens erreicht und befinden uns in der Republik Navarra. Bernd versucht auf einem Trampelpfad durch den Wald direkt links neben dem Camino, den Schlamm zu umgehen. Aber der Pfad ist sehr abschüssig, viel zu steil. Fast stürzt er den Hang hinunter. Und bei seinem Gewicht hätte ihn nichts mehr aufgehalten. Er gibt sein Vorhaben wieder auf, und folgt mir. Nach einer guten Stunde auf Wald- und Forstwegen erreicht man die höchste Stelle der Etappe, den *Col de Lepoeder.*

Es ist 14:15 Uhr. Wir sind jetzt über 1400 Meter hoch. In mehr als sechs Stunden haben wir fast 1300 Höhenmeter überbrückt. Knappe 20 Kilometer nur Berg aufwärts.

Für *Flachlandtiroler* gar nicht so übel.

Wir sind jetzt zwar ganz oben, aber wir sehen nichts. Nur Regen und Nebel, die uns belästigen. Schließlich folgt ein 90-minütiger mühseliger Abstieg nach Roncesvalles. Es geht auf glitschigem Stein- und Lehmboden durch einen dichten Wald steil bergab. Man muss höllisch aufpassen, nicht auszurutschen. Mit dem Stock stütze ich mich vorsichtig ab. Ohne ihn hat man kaum eine Chance, hier heil herunterzukommen.

In diesem Waldstück hole ich mir die ersten Blasen.

Ich nehme an, weil die Schuhe nass sind, und meine Füße ein wenig darin rutschen. Spielt aber keine Rolle. Gleichgültig, warum ich Blasen habe. Ich muss damit fertig werden, mich verarzten und weitergehen.

Der Abstieg will und will nicht enden. Wir laufen einem Ehepaar aus Deutschland hinterher, das uns, auf unsere Bitte hin, fotografiert. Auch wir schießen Bilder von ihnen. Auf den nächsten Etappen begegnen wir uns immer wieder.

»Laaf denne do noh. Do komme mer a an«, schreit Bernd hinter mir.

»Bisch de mit meiner Skautawett nett sefriede?«

»Doch schunn, mei Wannerführer. Awer sicher iss sicher.«

»Mei großer Wannerführer, wenn ich bitte darf. Soviel Zeit muss sinn.«

»Jawoll, mei großer Wannerführer.«

»Geht doch«, bestätige ich, nur damit ich das letzte Wort habe.

In den Pyrenäen

So folgen wir dem Ehepaar kurz entschlossen bei unserem Abstieg, laufen sozusagen auf ihrer Fährte, ohne uns auch noch groß auf die Wegmarkierungen, die an Bäumen oder Wurzeln oder Steinen angebracht sind, konzentrieren zu müssen, was die Angelegenheit doch ziemlich erleichtert.

Im ersten Hotel in Roncesvalles checken wir ein. Ich bin völlig erschöpft, ausgepowert, meine Füße schmerzen, als würde ich auf Glasscherben laufen, sie bohren wie ein eitriger Zahn. Im Zimmer ziehe ich nasse Klamotten, Schuhe und Strümpfe aus, setze mich aufs Bett, begutachte meine Fußsohlen: Eine Blutblase am linken Fuß so groß wie eine 2-Euro-Münze, mehrere kleinere Blasen an den Zehen beider Füße.

Na glänzend, wunderbar. Warum soll mir das auch erspart bleiben.

Ich nehme eine Nadel zur Hand, die ich natürlich lange suche, und steche mir die kleineren Blasen auf, in der Hoffnung, dass sie sich nicht entzünden. Ich wische die Flüssigkeit, welche aus den Blasen läuft, mit einem trockenen Papierwaschlappen ab.

»Ich hann die Faxe dick«, beschwere ich mich.

»Fangt jo gutt an. Das war doch heit kenn Wetter.«

»Nee, das war e Zumutung.«

»Awer mindeschtens.«

»So was hann ich off mei alde Da noch nett erlebt.«

»Ich a nett«, stimmt Bernd mir zu.

»Ich könnt grad hemm fliehe unn richtischer Urlaub mache.«

»Sahscht mer awer vorher Bescheed.«

Ich lege mich zuerst einmal mit Unterhose ins Bett, döse vor mich hin, unfähig zu denken, aufzustehen, Wäsche zu waschen, zu duschen, meine Füße einzusalben und zu massieren.

Ich bin kaputt, bin bis ans Limit gegangen. Leer im Kopf.

Auf der Hälfte des Weges hatte ich meine Frau angerufen, ihr mitgeteilt, dass wir arg geschafft, eigentlich ziemlich demoralisiert seien, da das Wetter verrückt spiele, der Berg verrückt spiele, alle verrückt spielen, die hier heute unterwegs sind, den Gipfel zu erreichen, wirklich alle.

Meine Frau meint lapidar: »Wenn du mich schunn bei de ehrscht Etappe anrufscht unn mir mitteilscht, dass es dir nett gutt geht, wie soll ich domit umgehn?«

Recht hat sie. Ich kann ihr das nicht zumuten. Wie komme ich überhaupt dazu? Sie ist zu Hause geblieben, hat nie ein Wort gegen meine Pilgerreise verloren, müht sich tagtäglich ab, unser nicht kleines Anwesen in Ordnung zu halten, und ich habe nichts anderes zu tun, als bei der erst besten Gelegenheit schon los zu heulen. So geht das nicht. Ruf dich zur Räson, Wanderer Klaus Müller, der du irgendwann den Pilgerstatus erreichen möchtest.

Deprimiert sende ich später im Hotel einer Arbeitskollegin eine SMS. Ich höre mich wohl in der Tat wie eine Heulsuse darin an. Sie schreibt kühl zurück: »Hör auf zu jammern, kämpf dich durch.«

»Steh off, du Penner«, sagt Bernd, als er aus der Dusche kommt. Er scheint recht guter Dinge zu sein.

Ich reagiere zunächst nicht, bin doch kein dressierter Affe.

»Hasch de geheert?«

»Hasch de was gesaht?«

»Du sollscht offstehn. Sonscht pennsch de noch im Bett inn, ohne was im Bauch se hann. Reiß dich sesamme.«

Ich steige ohne jeden Kommentar brav aus den Federn, eiere ins Bad wie ein Großpapa, dessen Oberschenkelknochen sich auf seine alten Tage urplötzlich, nur um ihn zu ärgern, in formvollendete O-Beine verwandelt haben, dusche mich ebenfalls, wasche artig meine Wäsche, und hänge sie an einer Schnur über der Badewanne auf.

Bernd kommt aus dem Staunen gar nicht mehr heraus, gibt aber aus Gründen seines gesundheitlichen Wohlbefindens keine weiteren Nettigkeiten zum Besten.

Ich kümmere mich um meine Füße. Es geht ihnen nicht sehr gut. Gott sei Dank habe ich Blasenpflaster dabei. Ich versorge die Blasen gründlich, und mit der nötigen Geduld.

»Sieht nett gutt aus«, stellt Bernd nüchtern fest.

»Nee, ganz unn gar nett. E ziemlich dickie Blutblos am linke Fuß unn mehrere kleene an de Zehwe beider Füß.«

»Das siehn ich sellwerr. Odder mennsch de ich hätt Tinnitus an de Aue?«

»Das hasch de jetzt awer scheen gesaht.«

»Lass dich jo nett hänge weje demm bissje Huddel. Denk ehnfach nett dran. Dann werrds besser.«

»Würd ich a sahn, wenn ich kenn Blose hätt. Awer ich bin doch nett worres im Kopp. Mennsch de ich kann mei Pein ehnfach so mimme Knoppdruck abschalle?«

»Es bleibt dir nix anneres übrisch. Hascht ehwe Weicheierfüßjer.«

»Ich könnt jo jetzt was sahn«, erwidere ich verärgert, weil ich nicht weiß, was ich jetzt eigentlich sagen könnte.

»Dann sahs.«

»Nee. Ich will grad nett«, spiele ich den Obercoolnettgescheiten mangels einer schlagfertigen Erwiderung, was nicht allzu oft vorkommt.

»Jetzt mach schunn unn markier nett de Märtyrer. Das nemmt dir doch kenner ab.«

»Bin grad voller Demut. Unn kenn so Hasspredischer wie du.«

»Wers glabt werrd seelisch.«

Trotz Bettschwere ziehen wir frische Sachen an, und verlassen das Zimmer. Wir wollen essen gehen. Doch erst gegen 20:30 Uhr werden wir im Speisesaal eingelassen. Solange müssen wir uns in der Bar des Hostals mit ein paar Cerveza begnügen.

Wir sind fast am Verhungern, seit heute Morgen haben wir außer einem läppischen kleinen Käsebrötchen nichts zu uns genommen. Bernds Bauch ist schon gar nicht mehr vorhanden. Das ist übrigens das Tragischste entlang des Camino: Man bekommt nur in seltenen Fällen tagsüber ein ordentliches, handfestes, warmes Gericht präsentiert. In den Bars unterwegs gibt es außer Tapas oder Bocadillos kaum etwas, was den Magen so richtig zufrieden stellt. Nicht allzu oft kommt man an Restaurants oder ähnlichen Lokalitäten vorbei, die diesen Namen auch verdienen und auf ihrer Speisekarte warmes Essen anbieten. Ich habe für dieses Defizit an kulinarischen Genüssen keine rechte Erklärung.

Später serviert man uns dann einen Knochen mit ganz wenig Fleisch drum herum.

»Denne Knoche do hat de Koch wahrscheinlich seim Lieblingsköter abgenomm«, bemerkt Bernd süffisant.

Bernd im Pyrenäennebel

»Sieht tatsächlich so aus. War für de Hund nimmeh gutt genunk.«

»Ich nemm an, der hat befürcht sei Köter geht inn, wenner denne fresst.«

Wir lachen beide. Was bleibt uns anderes übrig. Im Moment das Beste daraus machen. Galgenhumor ist *eine* Möglichkeit mit dem Hungergefühl umzugehen. Als Beilage zum Hundeknochen wird Brot gereicht. Das ist alles. Ach, hätte ich beinahe vergessen. Eine kleine Paprikaschote ist, allerdings nur mit Hilfe einer Lupe, auch noch auf dem Teller zu identifizieren. Gott sei Dank. Bestimmt kann man davon richtig satt werden.

Wir versuchen uns an dem Brot gütlich zu halten, leeren eine Flasche Vino tinto dabei. Der Wein schmeckt vorzüglich.

Anschließend trinken wir in der Hotelbar noch zwei Cerveza. Mein Magen murrt noch eine Zeitlang. Aber es gibt heute definitiv nichts mehr zu essen. Er muss sich damit abfinden. Ob er will oder nicht.

Da kommt ein älterer Pilger herein, den wir unterwegs gesehen haben. Volle vier Stunden später als wir.

Er schleppt sich fast auf allen Vieren dahin. Er ist vollkommen erschöpft, seine Augen sind eingefallen, auf seiner Stirn tropft der Schweiß wie Sturzbäche den hochroten Kopf hinunter.

Er fragt nach einem Zimmer. Die Antwort folgt prompt: »No Senor, completto.«

Der Mann tut mir sehr Leid. Ich kann seinen Gesichtszügen nicht entnehmen, was er jetzt gerade denkt, wie er diese Nachricht aufnimmt. Sein Blick ist starr. Er schaut stur ins Leere. Jeder Optimismus scheint eingefroren zu sein, jeder Mut abhanden gekommen. Er erwidert nichts, dreht sich abrupt um, und schleppt sich wieder mit seinem Rucksack die Bar hinaus. Er geht breit und unrund, scheint Rückenprobleme zu haben, denn er krümmt sich ein paar Mal nach vorne, verlagert sein Gewicht, bleibt kurz stehen, als ob er sich seinen Abgang noch einmal überlegen und an der Bar nachfragen wollte, setzt sich dann aber wieder träge in Bewegung, und ist schließlich aus unserem Blickfeld verschwunden.

Fast hätte ich ihm mein Zimmer angeboten.

Ich lasse es dann aber sein, weil ich einfach zu kaputt bin, mir eine andere Unterkunft zu suchen. Außerdem müsste Bernd dann das Zimmer mit einem Fremden teilen. Das möchte ich ihm doch nicht zumuten.

»Mennsch de dass der das iwwerlebt?«, fragt Bernd.

»In dem Tempo isser bis Weihnachte nett in Santiago.«

»Der arm Kerl. Wenner vorher kenn Herzinfarkt kriet. Wie der sich quält. Obber sich domit e Gefalle duht?«

»Der hat a sei Stolz. Will ehnfach ankomme.«

»Awer nett um jeder Preis. Irgendwo muss Schluss sinn. Wenner so weitermacht, kommter im Himmel an.«

Ich pflichte Bernd bei. Doch wir können ihm nicht helfen. Man ist mit sich selbst beschäftigt und hat damit genügend zu tun.

Meine Halsschmerzen sind stärker geworden. Ich entschließe mich, früh schlafen zu gehen, um Kraft für die nächste Etappe zu sammeln. Ich nehme ein Aspirin, lege mich hin, denke kurz an zu Hause, wünsche meiner Frau und meiner Tochter eine Gute Nacht, und schlafe bis zum Morgen wie ein Murmeltier. Noch vor dem Einschlafen erinnere ich mich an eine junge Engländerin, die schon auf Höhenmeter 650 nicht mehr konnte, und furchtbar geweint hat.

Ob sie die nächsten Etappen übersteht?

21. Mai 2007

2. Etappe Roncesvalles – Larrasoana

27 km

Um acht Uhr salutieren wir dem neuen Tag entgegen und brechen auf. Ohne Frühstück. Unsere Schuhe sind noch feucht. Die Funktionswäsche nicht. Wir haben also endlich wieder trockene Klamotten an.

»Du bischt veleicht e Schnarchkapp.«

»Ich hann doch gar nett geschnarcht«, wehre ich mich mit scheinheiligem Gehabe, weil ich das natürlich, wie alle Schnarcher, nicht wissen kann.

»E Presslufthammer iss nix geh dich. So hasch de losgeleht. Es näkschde Mol drück ich dir e Kisse off de Mund. Do kannsch de weje mir bumpe wie e Maikäfer.«

»Jo, das häsch de mache solle bevor mer iwwer die Pyrenäe gang sinn. Do wär mir vieles erspart blieb.«

Es ist ein schöner Tag, leicht bewölkt, nicht zu heiß, die Strecke ist anfangs recht leicht zu bewältigen.

In Aurritz, wir sind knappe sechs Kilometer unterwegs, frühstücken wir kurz. Jeder ein Salamibrötchen, dazu ein Cafe con leche grande. Dann marschieren wir weiter.

Wir begegnen immer wieder frei laufenden Hunden. Sie verhalten sich vollkommen harmlos, beachten uns kaum, beschnuppern uns nicht einmal. Sie halten Abstand. Die wenigsten bellen.

Dies beobachten wir bis zum Schluss unserer Pilgerreise: immer wieder Hunde. Ich glaube, es gibt mehr Hunde in Spanien als Spanier.

Aber sie lassen uns in Frieden. Sie sind diese Pilgerscharen gewohnt, stören sich nicht an ihnen. Bei der Wanderung fühlen wir uns heute Morgen irgendwie getrieben. Wir müssen eine Herberge finden, ein Bett.

Viele Pilger sind unterwegs. Auch ein spanisches Kamerateam, das über diese Route des Jakobsweges im Fernsehen berichtet. Sie machen einen Mordskrawall, laufen einmal vor, dann wieder hinter uns her. Nur zwei von ihnen, ein junger Mann mit spanischer Flagge und eine junge Frau, sind mit Rucksäcken ausstaffiert. Sie ziehen sie aber immer nur kurz an, nämlich dann, wenn gerade gefilmt wird. Ansonsten haben sie Träger, die sie entlasten. Sie laufen nur ein Teilstück der Strecke. Ein Bus des spanischen Fernsehens ist immer in ihrer Nähe, und kutschiert sie und ihre Alibirucksäcke. Denn in jedem der Rucksäcke können meines Erachtens höchstens zwei Miniwasserflaschen verstaut sein, so niedlich wie die aussehen.

Sie gehen uns gehörig auf die Nerven mit ihrem Geschnatter und Gekreische.

»Das sinn veleicht Softies«, meint Bernd.

»Showmaker«, betone ich in meinem perfekten Englisch.

Noch einige Etappen lang sollten wir diese Weicheier immer wieder sehen.

Zwei Damen treffen wir, die wir schon bei der ersten Etappe kennen gelernt haben, sprechen kurz mit ihnen.

Wir haben vorher beschlossen, uns niemandem anzuschließen. Wir wollen für uns bleiben. Sprechen, albern, sich austauschen schon, aber nicht zusammen laufen.

An einem Brunnen muss ich ein neues Blasenpflaster anlegen. Ich sage zu Bernd:

»Hall emol bitte de Stecke fescht.«

»Kannsch de unner Umstänne veleicht a emol was eleen mache?«

»Warum?«

»Warum? Warum? Darum.«

»Isser dir zu schwer?«

»Hall druff, mir wolle schließlich heit a noch ankomme.«

Bernd ignoriert meine Frage.

Ein Mann, zwei Frauen gehen vorüber.

»Das hört sich jo an, als wenner Saarlänner wäre?«, begrüßt

uns der Mann. Er sieht noch recht fidel aus, ist aber schon über siebzig, wie wir bei der nächsten Etappe erfahren werden.

»Simmer. Ihr a?«

»Das gibt's doch nett. Nadierlich. Wo kommener dann her?«

»Aus Biesinge unn Klaredahl.«

»Olegg. Sinner Awettskollesche?«

»Jo, simmer. Unn wo komme ihr her?«

»Aus Schwarzebach.«

»Die Welt iss kleen.«

»Do hanner Recht. Iss doch scheen mitennanner saarlännisch se schwättze.«

»Das kannsch de laut sahn. Es gibt kenn schennerer weltoffenerer Dialekt.«

»Das spanische kann ich ball nimmeh heere, weesch de«, sagt der Landsmann.

»Mir a nett. Die bappele jo los, als wenn se mit Blaulicht unnerwegs wäre odder e Schnellschussgewehr abfeuere würde.«

»Gott sei Dank vestehn ich die Sprach e bissje. Von früher her. Also machens gutt ihr zwei. Man sieht sich. Wo laafener dann hin?«

»Noh Larrasoana.«

»Mir nur bis Zubiri. Das annere iss uns zu weit. Gehner bis noh Santiago?«

»Jo, hammer mol vor.«

»Mir nett. Hann zu wennisch Zeit. Mir gucke, wo mir hinkomme, laafe so weit wies geht.«

»Jo, mache eich kenn unneetischer Schtress.«

»Sowieso nett. Mir sinn viel zu alt für so e Blödsinn.«

»Kennsch de eigentlich de Dings aus Biesinge? Mensch, wie hehscht der gleich noch.«

Die Frau spricht mich an. Später erfahre ich, dass es die Freundin der Ehepartnerin des Siebzigjährigen ist.

»Welcher Dings?«

»Ach, ich komm grad nett droff. Mei Gedanke lasse noh.«

»Wo wohnder dann?«

»In Biesinge.«

»Nee, ich menn wo genau im Ort?«

»Ach, ich wehses nimmeh. Iss Biesinge so groß?«

»Klar, Biesinge iss die Perle des Bliestals. Vor allem weje seim neije Kunschtraseplatz, em Sportheim, em Feierwehrhaus unn em Schnapsheisje.«

»Krie dich noch emol inn. Der fantasiert heit mol wedder«, mischt sich Bernd jetzt ein, indem er meine Gesprächspartnerin anspricht.

»Unn e neijes Busheisje werrd a noch gebaut«, füge ich tapfer hinzu, nur um einmal darüber geredet zu haben.

»Sah nur. Hoch intressant. Gibt's noch e paar Neiischkeite?«

»Denne kenn ich beschtimmt«, wende ich mich mit dieser Bestätigung wieder der Frau zu, um Bernds Einwand erfolgreich zu unterminieren und ihn außen vor zu lassen, was ihn mit Sicherheit wurmt. Der schüttelt nur den Kopf ob dieser Ignoranz.

»Jo. Mir kenne uns allegar. So simmer halt. De eene kennt de anner. Das iss a gutt so.«

»Mir Saarlänner halle sesamme. Das wär doch gelacht«, heiße ich die Aussage meiner saarländischen Landsmännin willkommen.

»Die Palz nemme mer a noch inn«, nimmt der rüstige Siebzigjährige nun wieder am Gespräch teil, »dann kenne mer noch e paar Leit meh, die für uns do sinn. Die halle, die Pälzer.«

»Do hasch de Recht. Die komme eleen sowieso nett klar.«

»Sinn ehwe Pälzer. Mir gehn jetzt weider. Also machens gutt ihr zwei Saarlänner.«

»Danke, ihr a.«

»Unn komme gesund an.«

»Mir vesuches.«

»Unn grüße mir de Jakob.«

»Das mache mer.«

Weg nach Larrasoana

Auf mehreren Etappen begegnen wir uns noch bis Navarrete.

Wir laufen jetzt eine Anhöhe hinauf, bunte Blumenwiesen, immer wieder kleine Dörfer, die im Grunde diesen Namen nicht verdienen. Es sind Kaffs, mit alten grauen, teils verfallenen Häusern. Wir gehen durch Waldgebiet viele schattige Wege. Schöne, abwechslungsreiche Strecke mit steinigem, und teils mit Wurzeln durchsetztem Lehmboden.

Und Lehmboden *schont* die Füße. Eine Holländerin folgt uns. Sie läuft eine Zeitlang hinter uns her. Vom Alto de Erro geht es eine Stunde kontinuierlich zum Teil über Schotterwege steil bergab. Nachmittags kommen wir in Zubiri an. Wir besuchen eine Bar. Bernd trinkt zwei Bier, ich zwei Cola. Wir sind leider noch nicht an unserem Etappenziel angelangt. In der Ecke sitzen einige Spanier und unterhalten sich laut und gestenreich. Sie reden so aufgebracht und wild durcheinander, dass man den Eindruck gewinnen könnte, sie würden gleich wütend aufeinander losgehen.

Es sind noch sechs Kilometer bis nach Larrasoana. Ich ziehe meine Schuhe aus, die Füße brennen wie verrückt.

»Mir müsse weider«, bemerkt Bernd.

»Dann geh doch«, erwidere ich trotzig, »ich laaf kenn Meder meh mit meine Blose.«

»Und wo willsch de hin, du Rindvieh?«, beschimpft er mich amüsiert.

»Kenn Ahnung, ehnfach sitze bleiwe, alt debei werre, unn dann sterwe.«

»Mennsch de es holt dich do jemand ab? Nur weil du de Klaus Müller aus Biesinge bischt?«

»Veleicht de Rückholdienscht vom Rote Kreiz.«

»Die sinn beschtimmt froh, wenn se dich emol e Zeitlang nett siehn. Die nervsch de doch a es ganze Johr iwwer.«

»Du muschs jo wisse.«

»Werrschd doch dort nett de Scheene mache.«

»Fallt mer nett allzu schwer«, streife ich gekünstelt wie ein Adonis mit einer Hand, quasi im sprichwörtlichen Sinn an den Haaren herbeigezogen, über meine Stiftenkopfpracht.

»Mir komme die Träne.«

»Ich könnt a heile. Unn zwar vor Schmerze.«

»Die Blose halle das aus. Stell dich nett so an.«

Es hilft alles nichts. Bernd hat natürlich Recht. Also ziehe ich tapfer meine Schuhe wieder an, stehe auf und marschiere weiter.

Nein, ich eiere los, weil ich nicht mehr rund laufen kann. Sehe aus wie ein Greis auf Rollschuhen. Fühle mich wie ein Käfer, der auf dem Rücken liegt, tragischerweise an *den einen Platz* gefesselt ist, und sich vergebens abstrampelt, wieder auf die Beine zu kommen. Lächerlicher Anblick. Ich laufe so unrund wie ein platter Schubkarren quietschend fährt. Bernd erspart sich jeden Kommentar. Gut so. Vor allem für seine Gesundheit. Immer wieder dieses Klopfen und Stechen an den Füßen. Es bleibt mir keine Wahl, ich muss da durch, um nicht auch noch elend zu verhungern. Denn ich habe seit dem frühen Morgen nichts gegessen, und verspüre starken Appetit.

»Jetzt e Schwenkbrote«, schwärme ich.
»Mit Currysoß, Fritte unn Buttererbse«, bestätigt Bernd.
»Mir laaft es Wasser schunn im Mund sesamme.«
»Warum hasch de nur devunn angefang?«
»Odder e Rumpsteak mit geröhschtete Zwiwwele«, ignoriere ich Bernds Vorwurf mit feuchter Aussprache.
»Krummbeere wär mir a schunn Recht«, bringt er einen neuen Menüvorschlag ins Spiel.
»Odder e gutter saarlännischer Dibbelabbes.«
»Heer off. Mei Ma iss schunn inngefall unn die Brie laaft mir ausem Mund.«
»Do halsch de wennischtens die Klapp, dass dei Lätzje nett nass werrd«, zeige ich mich von meiner angriffslustigen, ungnädigen Seite.
»Blödmann. Seehrscht die Sach anrühre, unn dann duhn als ob nett.«
»Wie?«
»Zänn halle. Ich wes grad nimmeh, was ich genau domit sahn wollt.«
»Das Gefühl hann ich bei dir öffders.«
Mit leerem Magen gehen wir unseres Weges. Es kann doch nicht mehr weit sein. Die wenigen verbliebenen Kilometer müssten wir längst geschafft haben.
Wir gelangen auf eine Anhöhe, passieren einen leichten, schmalen Waldweg, überqueren rechts eine Brücke, und tatsächlich: wir sind in Larrasoana.
Wir steuern direkt auf die Herberge zu, nehmen unseren Stempel, und warten auf die Bettenzuweisung. Es dauert eine Weile. Geduld ist angesagt. Die freundliche Herbergsdame erbarmt sich schließlich, führt uns über die Straße, und zeigt auf ein etwas windschiefes Gebäude. Dorthin sollen wir. Sieht von außen nicht sehr einladend aus. Die sanitären Anlagen sind rechts vor der Herberge in einem Baucontainer untergebracht. Ich wage gar nicht, sie zu inspizieren.

»Do wollt ich schunn immer mol hin«, bemerke ich resigniert zu Bernd.

»Dovunn hann ich a seit langem getreemt.«

Ich eiere die Treppe hinauf. Unten ist schon alles besetzt. Einige Pilger grinsen, als sie mich sehen. Ich grinse zurück. Was die können, kann ich auch. Wir bekommen die letzten beiden Betten direkt an der hinteren Wand. Wir ziehen unsere Schuhe aus. Bernd legt sich in ein Hochbett hinein, ich mich darunter. Ein deutsches Ehepaar liegt neben uns. Ihnen werden wir später immer wieder begegnen.

Die Frau, Doris heißt sie, gibt mir Blasensalbe. Ich bedanke mich zehnmal bei ihr, reibe meine geschundenen Füße kräftig damit ein, und lege mich auf meinen Schlafsack, den ich vorher ausgebreitet habe.

Jetzt geht dieses Fußbrennen erst richtig los. Als ob ich auf glühenden Kohlen liefe oder Heinzelmännchen auf meinen Sohlen herumtanzten. Na gut, wenn es ihnen Spaß macht. Ich halte sie schon aus.

Ich halte alles aus, bin doch kein Jammerlappen, keine Memme. Nein, Moni und Lucie und Bernd, das bin ich nicht.

»Ab zum Dusche«, fotzelt Bernd, den keine oder kaum Fußprobleme plagen. Er hat wohl seinen Austeilertag.

»Du mich a«, bemerke ich bissig.

»Duht was weh?«, ärgert er mich weiter.

»Nee, was soll dann weh duhn?«, lüge ich so gut ich kann, um mir ja keine Blöße und ihm vor allem keinen Grund zum Grinsen zu geben. Jetzt schon gar nicht. Unter keinen Umständen. Ich missgönne es ihm einfach. Weil es nun mal partout in diesem Augenblick so sein muss. Nur keine Bestätigung meiner Schmerzen. Um alles in der Welt nicht.

»Menn jo nur. Hätt jo sinn kinne, weil de nett offstehscht.«

Gut, dass ich ihn jetzt nicht anschaue, so dieses breite, unverschämt zufriedene Grinsen nicht bemerke und ertragen muss.

»Ich bin nur e bissje müd.«

»Ach so.«

»*Ach so*«, äffe ich ihn nach.

»Schunn gutt. Rehsch dich ab. Duh dei arme Weicheierfüßjer noch e bissje schone.«

»Die brauche nett geschont se werre. Nur ich. Von deiner Gejewart.«

»Jawoll, mei großer Wannerführer.«

Wir warten noch eine Weile. Aber es nützt nichts. Ich muss auf, mich duschen, Zähne putzen, Wäsche waschen, Schuhe zum Auslüften ins Freie stellen, meine Füße massieren. All diese Dinge. Also tue ich, was unbedingt getan werden muss. Es gibt zwei Duschen und zwei Toiletten für sechzig und mehr Pilger. Geduld ist also angesagt. Schließlich sind wir an der Reihe, ich betrete den Bau-Dusch-Wasch-Container.

Eine Frau sitzt am Eingang. Beobachtet mich. Ich weiß nicht recht, wie ich reagieren soll. Ein gewisses Schamgefühl stellt sich ein. Sie könnte ja weg schauen. Tut sie aber nicht. Ich steige aus meinen Badelatschen, ziehe meine Jogginghose aus, lege sie auf einen Stuhl, mein Handtuch darüber, und lasse meine Unterhose kurz entschlossen blitzschnell fallen, schmeiße sie zu den übrigen Utensilien, und bin schon im Eiltempo in der Dusche verschwunden. Fast rutsche ich auf der nassen Brausetasse aus, weil ich vergessen habe, wieder in die Latschen zu schlüpfen. Nur mit mehr Glück als Geschick kann ich mich auf den Beinen halten.

Das Wasser wird und wird nicht warm. Ich gebe mein Bestes, um wenigstens mit einigen Tropfen in Berührung zu kommen und mich irgendwie herbergssauber zu fühlen.

Dann bin ich fertig. Abtrocknen ist angesagt. Aber verdammt, ich habe mein Handtuch auf dem Stuhl vor der Dusche liegen lassen.

»Bernd«, rufe ich so laut wie nötig und so leise wie möglich ziemlich kläglich in den Raum hinein. Keine Antwort. Er müsste mich eigentlich hören, weil er schon vor einer Minute seine Dusche nebenan verlassen hat und jetzt wohl dabei ist, sich anzuziehen und auf mich zu warten.

»Bernd«, wiederhole ich etwas nachdrücklicher, aber immer

noch gedämpft genug, um nicht alle anstehenden Dusch-Pilger-Kandidaten, Toilettenbesucher, Wäschewaschpilger, Zähneputzer und Um-sich-Schauer zu stören.

Immer noch keine Reaktion.

»Bernd«, schreie ich schließlich ungeduldig ziemlich laut.

»Was issen? Ich hanns doch nett an de Ohre.«

»Anscheinend doch. Gepp mer mol es Hannduch offem Stuhl.«

»Wie hehschd dann das Zauberwort mit denne zwei *t* ?«

»Awer flott«, zeige ich mich hellwach konzentriert.

»Was hasch de gesaht?«

»Mach schunn.«

»Was?«

»Ich krien kalt.«

»Wie?«

»Hall druff.«

»Was?«

»Mennsch, jetzt mach.«

»Hm?«

»Bitte«, erwidere ich nun ganz leise. So leise wie möglich.

»Hasch de was gesaht?«

Er möchte seinen Sieg jetzt auskosten. In allen Dimensionen. Das wird mir dann doch zu dumm. Der Klügere gibt nach, denke ich schließlich verschwommen, obwohl ich dagegen zeitlebens immer eine Aversion gehabt habe.

»Bitte«, wiederhole ich so laut wie nötig.

»Geht doch.«

Schon kommt das Handtuch in die Dusche geflogen. Ich könnte mir auf die Zunge beißen. Als ich herauskomme sitzt die Frau immer noch da. Keine Ahnung, was ihr hier so gut gefällt?

Nichtsdestotrotz ziehe ich schnell meine frische Unterhose an, und schlüpfe in meine trockenen Badelatschen hinein. Habe ich doch clever gemacht. Oder?

»E Voyeurin«, flüstere ich Bernd mit vorgehaltener Hand zu. Er steht vor der Dusche, und ist bereits angezogen.

»Was?«

»Schrei doch nett so. Die Pilscher krien all e Heersturz. E Voyeurin hann ich gesaht.«

»Ich vestehn dich nett. Mach doch emol die Zänn ausenanner.«

Bernd zeigt sich von seiner trägen Seite. Ich spreche natürlich auch ziemlich leise, damit die Voyeurin nicht hört, dass sie eine Voyeurin ist.

»Soll ich e Lautsprecher innschalle mit em Vestärker dran odder was?«, entgegne ich genervt dem nichts kapierenden Pilgerbruder, während ich in meine Jogginghose steige.

Wir machen uns auf den Weg zu unseren Betten in die Herberge nebenan.

»Was hasch de vorhin gemennt?«

Vorwitznase. Ich sollte ihn jetzt zappeln lassen und er sollte sich seine Ohren durchpusten.

»E Voyeurin. Do iwwe die. Hasch de se nett bemerkt?«

Ich drehe mich um, und nicke fast unmerklich in Richtung der Frau dabei.

»Nadierlich. Die hats die ganz Zeit schon off mich abgesiehn. Hann richtisch Angscht kriet, so wie die mich angeschtiert hat.«

»Siehscht a ziemlich exotisch aus mit deim Hängebauch. Geschmack hatse jedenfalls wennisch unn dovunn viel.«

»Rindvieh gefährliches.«

Wir lachen wieder einmal über uns selbst.

Nachdem wir unsere Wäsche gewaschen haben, treibt uns der Hunger ins Dorf. Was heißt hier Dorf. Ein paar Häuser, ein altes, nicht unbedingt zum Essen einladendes Restaurant, das geschlossen ist. Das war´s.

Also gehen wir wieder in die Herberge zurück, es ist inzwischen fast 17:00 Uhr, kaufen bei der Herbergsmutter einen Pack Spaghetti, eine Dose Tomatensoße, und eine Flasche Vino tinto. Für vier Euro.

Nicht schlecht, Herr Specht.

Bernd versucht einen Platz in der Küche zu ergattern, während wir unseren Wein aus Plastiktassen trinken, die ich von der Herbergsdame bekommen habe. Der Wein reicht nicht. Bernd hält die Stellung, ich wieder nach oben, Vino tinto kaufen. Ist ja sehr preiswert.

Als ich zurück bin, ist Bernd noch immer nicht an der Reihe. Jetzt hat er sich einen Topf gesichert, der aber nicht unbedingt sehr Vertrauen erweckend aussieht. Ich schrubbe ihn mehrmals, aber sauber ist er nicht zu kriegen. Macht nichts, was soll´s, nicht zu ändern. Der Hunger wird schon alles in den Magen hinein schieben. Die Küche sieht übrigens nicht sehr einladend aus, wie man sich vorstellen kann. Auf nähere Einzelheiten möchte ich hier aus ästhetischen Gründen verzichten.

Wir sind trotzdem tapfer und warten zuerst einmal ungeduldig bis wir an die Reihe kommen. Es haben wohl mehr Pilger bemerkt, dass es hier im Umkreis der Herberge nichts zu essen gibt. Es dauert und dauert.

Endlich ist es so weit, wir haben uns einen Platz am Herd erobert, und kochen unser Essen. Die Dose Tomaten reicht nicht, ich hole eine weitere Dose, und bei dieser Gelegenheit gleich noch eine Flasche Vino tinto. Der Gasherd funktioniert nicht richtig. Das Wasser braucht ewig bis es kocht. Gemurmel der anstehenden Pilger hinter uns. Ganz egal. Ich würde jetzt glatt einen erschlagen, wenn ich nichts zu essen bekäme. Essen endlich fertig. Wir nehmen unsere Teller, und suchen uns einen geeigneten Sitzplatz in der Herberge. Alle Tische besetzt.

Zwei Koreanerinnen haben allerdings schon gegessen, sie machen uns auf meine Intervention hin freundlich Platz. Wir schlingen die Spaghetti in uns hinein. Von meiner zweiten Portion bleibt noch etwas übrig, was nicht unbedingt mit Bernds Kochkünsten zu tun hat, sondern lediglich an der dürftigen Beilage liegt.

Kurzum, es schmeckt mir nicht besonders.

»Wars nett gutt?«

»Im Rahme deiner bescheidenen Möglichkeite«, erwidere ich in einem Anflug von Sarkasmus, »wars ganz okay.«

»Es näkschde Mol kochscht du.«

Bernd will meinen Teller schon entsorgen, als die Holländerin, die uns den halben Weg gefolgt ist, ihn erstaunlicherweise fragt, ob sie den Rest der köstlich aussehenden Spaghetti essen dürfe. Dies wäre immerhin besser, als das gute und kostbare, kohlenhydrathaltige Essen wegzuschmeißen. Recht hat sie. Bernd reicht ihr den Teller, den wir dann schließlich nicht mehr waschen müssen.

Wir setzen uns später vor der Herberge auf eine Bank und trinken unseren Vino tinto. Er schmeckt wirklich köstlich. Einfach vorzüglich. Plötzlich ruft ein älterer Mann von der anderen Straßenseite. Er winkt uns herüber.

»Was will dann der?«

»Kenn Ahnung. Spanisch iss nett mei Sprach«, erwidert Bernd.

»Veleicht lader uns zumme Getränk inn.«

»Gehn mer mol gucke.«

»Jo, der hat ungefähr dei Größ. Do kanner uns nett gefährlich werre.«

»Jawoll, mei großer Wannerführer.«

Bernd lässt alles Weitere in seiner coolen Art unkommentiert, wir überqueren die Straße, und sprechen mit dem Mann in unserem berüchtigten Kauderwelsch.

Er ist den Weg nach Santiago schon viermal gegangen, wie er uns jetzt gestikulierend erzählt. Er hat ein recht überschaubares, aber feines Privatmuseum mit sehr vielen kleinen und großen Erinnerungsstücken. Wir schauen uns alles an. Halten uns ziemlich lange bei ihm auf. Entdecken allerlei Krimskram, Karten, Briefe, Madonnen, Stempel, Fahnen, Jakobusstatuen groß und klein, Büsten, Zeichnungen, einige Fotos von Brasilianerinnen, die sich auch sein Museum angeschaut haben, er in der Mitte, klein und furchtbar stolz, ein Buch Shirly Mc Laines über den Jakobsweg, von ihr signiert mit einer Widmung für ihn, daneben ein Foto der Beiden, andere Bücher, die sich ebenfalls mit dem Camino beschäftigen, Miniaturplastiken der Kathedrale in Santiago, Fußballtrikots von Ländern aus der ganzen Welt, Plüschtiere aller Art, etc.

Der kleine Mann mit der großen Sammelleidenschaft umarmt

uns mindestens so herzlich wie er die große Shirly Mc Laine umarmt hat. Er ist sehr angetan, dass wir uns für sein kleines Museum interessieren und möchte uns gar nicht mehr los lassen. Er erzählt und erzählt, vieles verstehen wir, manches nicht.

Gegen 21:00 Uhr verlassen wir sein Haus, und gehen einige Meter weiter in die Herberge.

Alles um mich herum schnarcht schon so laut wie selbstverständlich. Es ist fast unerträglich. Immer wieder Husten von kranken Pilgern. Die Luft ist beißend, der Tag war heiß gewesen, die Gerüche intensiv. Ich versuche mich in meinen Schlafsack hinein zu kuscheln. Aber viel zu warm. Trotzdem, mit der dreckigen Decke möchte ich nicht in Berührung kommen. Lieber schwitze ich mir den Frust aus den Kleidern.

Warum tue ich mir das eigentlich an? Warum übernachte ich in einem solchen Nest, in so einem Verließ von Herberge, noch dazu neben sechzig und mehr Menschen, die hundertzwanzig und mehr Wanderschuhe tragen, die hier irgendwo herumstehen? Und es sind nur zwei Klos und zwei Duschen vorhanden, allerdings außerhalb in diesem heruntergekommenen Baucontainer.

Nachts aus dem Bett. Starke Halsschmerzen, die Stimmbänder sind entzündet. Ich muss frische Luft atmen, außerdem auf die Toilette. Mit der Taschenlampe, die ich nun schon, erfahren wie ich mittlerweile bin, professionell unter dem Kopfkissen deponiert habe, mache ich mich auf den Weg.

Sehe einen mit Sternen bedeckten Himmel. Sehr angenehme Temperatur. Einen Augenblick der Ruhe, der inneren Einkehr. Durchatmen, Luft in die Lungen pusten, einsaugen, konservieren.

Diese Sterne. Eine Pracht für die Augen. Inspiration, tausend Welten zu durchstreifen, die Logik des Daseins zu durchbrechen, fremde Mächte zu schauen, sich in andere Leben zu versetzen, das Gegenwärtige nicht so wichtig zu nehmen, *sich* nicht so wichtig zu nehmen, etwas Abstand von sich selbst zu gewinnen, um sich überhaupt erst betrachten zu können. Denn jeder von uns ist ein kleines Rädchen im Schwindel erregenden großen Radius des

Kosmos. Wie wichtig sind wir schon. Jedenfalls längst nicht so wichtig wie wir uns allzu gerne nehmen.

Dieser unglaublich dichte Sternenhimmel. Auch eine Nacht für die Liebe, die Melancholie, für ein flammendes Liebesgedicht, für zärtliche Umarmungen, Liebesschwüre, eine Nacht, jegliche Sehnsucht zu befriedigen, und wenn es denn ginge, Götter zu zeugen.

Ich darf jetzt nicht anfangen zu spinnen, mir die schönen Dinge des Lebens vorzustellen. Das würde alles nur unnötig erschweren, anstatt irgendetwas zu erleichtern.

Ich bin noch nicht einmal auf dem Zenit meiner Enthaltsamkeit allen weltlichen Dingen gegenüber angekommen. Ich bin erst ganz am Anfang, ein Wanderer, der gerne ein Pilger werden möchte.

Und dieses Pilgerdasein oder *möchte-Pilger-werden-Dasein* wird noch eine Weile andauern. Ich muss mich damit arrangieren. Jedweden Unfug aus meinem Kopf verbannen, ausradieren, als hätte soeben keine Gedankenexkursion stattgefunden.

Wieder Müdigkeit. Zurück in die Kloake. Auf Schlafsack legen. Einschlafen. Marsch, marsch.

Nach ca. einer Stunde gelingt es mir.

22. Mai 2007

3. Etappe Larrasoana – Pamplona

16 km

Um acht Uhr Aufbruch. Wie immer mit leerem Magen. Sehr schöner abwechslungsreicher Weg. Nicht sehr schwierig. Kaum längere Steigungen oder Anhöhen. Das Wetter lädt regelrecht zum Wandern ein. Es ist nicht so heiß, immer wieder Wolken vor der Sonne, leichter Wind. Angenehm.

Höhenweg nach Pamplona

Die Stimmung ist gut. Bernd und ich sind lange nebeneinander her gelaufen. Viel erzählt. Auch eine Weile geschwiegen. Jeder braucht seine Zeit für sich.

Wir gehen jetzt eine wunderschöne Höhenroute mit viel Weitsicht, ein schmaler Pfad führt auf einen Hang, dieser auf einen Weg neben einer stark befahrenen Straße. Den laufen wir eine Weile, gelangen schließlich nach Burlada.

Es ist eine recht große Stadt. In einem Kaufhaus besorge ich mir Papiertaschentücher, da meine Nase seit geraumer Zeit blutet, und ich alle verbraucht habe. Dann ziehen wir weiter, eine ganze Weile durch Burlada und seine Peripherie hindurch. Bald schon erblicken wir über Schrebergärten und Bäume hinweg die Silhouette von Pamplona.

Wir beschließen in der Paderborner Herberge zu übernachten. Sie wird von einem deutschen Herbergsvater geleitet, der in Güdingen geboren ist. Fast fühlen wir uns heimisch, als wir diesen Vermerk in unserem Reiseführer lesen.

Gegen 14:00 Uhr treffen wir ein.

Inzwischen wieder Fußprobleme. Wir sind zu früh. Einige Pilger stehen vor der Herberge und warten.

Sie ist noch geschlossen, öffnet erst um 14:30 Uhr.

Dann erscheint seine Majestät, der Herbergsvater.

Mit Kutte würde er aussehen wie ein Mönch. Langer grauer Bart, kurzes, graues, sehr schütteres Vorderhaar, irgendwie große, witzige, auffallende, füllige Gestalt. Er steht vor uns und redet viel. Zählt durch. Noch mehr Pilger kommen. Er bittet konziliant, mit einer guten Brise Charme, ein Pilgerpaar mit ziemlich theatralischem Gehabe herein. Sie müssen persönliche Daten ausfüllen, bekommen ihren Stempel, ihr Bett zugewiesen.

Der Beinahemönch redet mit ihnen, fragt, bohrt, ist allzu vorwitzig, ich beobachte ihn durchs Fenster. Die Pilger lachen, er hätte Prediger werden sollen, so wie der redet und immer noch auf sie einredet, einem Monolog gleich. Er scheint in seinem Element. Lässt sich durch nichts, aber auch gar nichts stören oder irritieren. Eile ist nicht geboten. Er ist die Ruhe selbst. Ernährt sich von seinem bloßen Charisma. Meine Blasen interessieren ihn herzlich wenig, meine Schulter-, meine Fußprobleme. Allerdings ist er auch kein Hellseher, wie ich gerechterweise zugeben muss. Ich setze mich auf eine Bank vor der Herberge. Geduld ist wieder einmal angesagt. Habe ich aber nicht. Ich möchte jetzt ein Bett, eine gute Dusche, dann etwas zu essen. Genau in dieser Reihenfolge. Und zwar schnell. Verdammt noch mal. Sehr schnell.

Aber es dauert. Eine ganze Weile vergeht. Denn es werden immer nur zwei, drei Pilger hereingelassen. Es kommen neue Pilger hinzu. Eine Frauengruppe.

»Eine zuviel«, tönt der Beinahemönch, als er wieder vor die Herberge tritt, und zum zweiten oder dritten Mal durchzählt.

»Bitte«, bettelt die Anführerin der Pilgergruppe.

»Das Kontingent ist erschöpft. Tut mir Leid. Irgendwann ist einfach mal Schluss, meine Dame.«

»Dann lass doch ennie offem Boddem schlofe«, bemerke ich galant saarländisch charmant wie intuitiv.

Die Dame lächelt mir dankbar zu, fast gibt sie mir einen Kuss. Sie scheint mir jetzt schon verfallen zu sein, wie ich aus ihren Blicken schließe. Jedenfalls hat sie mich verstanden. Der Herbergsvater schaut kritisch in meine Richtung.

Was hast du denn zu sagen?, scheint er wohl zu denken.

Mir gleichgültig. Ich habe meinen Platz sicher. Kann also den Mund weit aufreißen, ohne dass es mir an den Kragen geht. Eine kurze Pause folgt.

»Na, meinetwegen. Aber nur ausnahmsweise. Und in *deinem* Zimmer.«

Bei diesen weisen Worten zeigt er mit dem drohenden Zeigefinger auf mich. Ich lächele überlegen. Kein Problem, schließlich bin ich Pilger, und verfolge sonst keine schiefen Gedanken.

Bin ich ein Pilger? Ich denke eher nein. Noch bin ich ein Wanderer, der von einem Ort zum nächsten läuft. Mal sehen, ob ich mir den Pilgerstatus irgendwann verdiene.

Endlich sind wir an der Reihe. Ich war schon fast auf der Bank vor dem Haus eingeschlafen. Bernd hielt solange die Stellung. Jetzt ist er ganz aufgeregt.

»Komm schnell. Mir sinn dran.«

»Der hat sich a Zeit geloss.«

»Jetzt mach endlich.«

»Der haut uns schunn nett ab. Trah nett die Ruh ausem Haus.«

»Ich will veleicht e Bett unn dusche, du Hosewackler«, kommentiert er vorwurfsvoll.

»Mennsch de ich nett?«

»Ei dann komm a. Es gibt nett de geringschde Grund, jetzt unn do Sonndasredde se halle.«

»Bin schunn unnerwegs. Kann nur noch Stunne dauere.«

»Wie morjens beim Offstehn«, bemerkt Bernd hart, aber herzlich.

Der Herbergsvater mustert uns mit listigen Augen.

»Wer ist denn der Ältere von euch Beiden?«

Ich grinse. Ich wusste, dass mir keiner ansieht, dass ich vier Jahre älter bin als mein Jakobsbruder. Der Beinahemönch ist mir jetzt fast sympathisch. Eigentlich war er mir von Anfang an sympathisch.

Man muss sich die Welt nur so schaffen wie man sie gerne hätte, denke ich belustigt vor mich hin. Was interessiert mich mein Gespräch von gestern. Aber nein, ich albere nur herum. Hör endlich auf, solchen Unsinn zu fabrizieren. Sei ernsthafter. Schließlich hast du einen weiten Weg vor dir.

»Ich«, melde ich mich auf seine Frage hin, während er mich amüsiert mustert, »ich bin schunn 52, siehn awer viel jünger aus.«

»Hast nur verdammt wenig Haare auf dem Kopf«, bemerkt der verhinderte Mönch mit noch weniger Haaren auf dem Kopf nun ziemlich despektierlich mit wenig Esprit und noch weniger Einfühlungsvermögen, was meine gekränkte Eitelkeit betrifft.

Bernd grinst sich einen ab. Meine Sympathie für beide erleidet in diesem Augenblick spontan Schiffbruch, ihre Aktien fallen schlagartig in den Keller.

»Die sinn nur kurz geschnitt«, entgegne ich bissig ohne jeden Humor. Schließlich geht es auch irgendwie um meine Reputation.

»Dann lass sie doch wenigstens färben. Das macht ne Menge aus.«

»Die sinn gefärbt. Extra grau. Mei Lieblingsfarb.«

»Gut gekontert«, meint der Betteneinteiler und gibt sich ohne weitere Gegenwehr geschlagen, »wollt ihr etwas trinken?«

Schleimer, denke ich undemutsvoll. Und wieso überhaupt gekontert? Ich musste doch nur die Wahrheit sagen. Nichts als die Wahrheit. Meine Haare wachsen schließlich wieder, grau in grau, und dann werde ich bei dir vorstellig werden, mein fast kahl geschorener Herbergsbruder, und in deine erstaunten, neidischen Beinahemönchkulleraugen blicken.

»Jo, gehr«, entgegnet Bernd.

Ich habe keinen Durst und trinke nur das abgestandene, kohlensäurearme Wasser, um dem Herbergsbeinahemönch ein wenig Bewegung damit zu verschaffen, sich aus seinem bequemen Stuhl zu erheben, aufzustehen, vorzubeugen und mir einzuschenken.

So wie er aussieht wird ihm dieser Grad an Minimalreflex nicht schaden.

Er redet auf uns ein. Von seiner Zeit im Saarland, und wie es ihn hierher verschlagen hat. Ich habe weder Zeit noch Lust, ihm zuzuhören. Bin einfach nur müde und meine Füße schmerzen.

Endlich bekommen wir ein Zimmer mit vier Betten zugewiesen. Sieht ganz passabel aus. Nicht zu eng. Auf jeder Seite ein Ober- und ein Unterbett. Großes Fenster dazwischen. Was will der Mensch mehr.

Unsere Zimmergenossen sind ein Berliner namens Winfried und ein Wiener, der Alex heißt. Beide lernen wir später noch sehr viel besser kennen. Toptypen.

»E Fratzemacher iss das«, sage ich zu Bernd, als wir das Zimmer betreten.

»Nur weiler die Wohrheht saht?«

»Der spinnt doch. Iss irgendwie iwwerkandiddelt.«

»Do nemme ner eich nix ab. Der labert genau wie du.«

»Was willsch de dann domit sahn?«

»Hann ich was gesaht?«, stellt Bernd eine Gegenfrage.

»Veleicht hann ich a nur gemennt, ich hätt was geheert«, versuche ich ihm gleich den Wind aus den Segeln zu nehmen.

»Beschtimmt. Was willsch de a heere, wenn ich nix gesaht hann?«

»Mei Tinnitus spielt manchmol verückt. Das werrds sinn.«

»Du müschd ne emol behannele lasse.«

»Iss nix meh se mache. Endstation Sehnsucht.«

»Hauptsach mir sinn ehnisch wohr unn hann emol driwwer geschwättzt.«

»Das hammer.«

Ich lege mich kurz auf das Bett. Fußverschnaufpause.

Bernd, der diesbezüglich keine Probleme hat, geht duschen.

Ich warte auf ihn, und begebe mich dann ebenfalls in die Dusche. Alles sehr eng, aber sauber. Ich rasiere mich nass. Oder versuche es. Kein Feeling dafür. Irgendwie will der Drei-Tage-Bart nicht verschwinden. Ich schneide mich mehrmals, sehe nachher aus, als ob ich masochistische Handlungen an mir vorgenommen hätte. Mist verdammter. Und überall noch Stoppeln. Mir egal. Ab nach Pamplonas Innenstadt, wo Leben pulsiert. Essen fassen. Ich will hier ja keine Frauen anmachen. Und meine Zimmernachbarin, die auf dem Boden schläft sowieso nicht, auch wenn sie mir schöne Augen zuschmeißt. Deshalb ist mir mein Äußeres im Moment nicht so wichtig. Zu Hause bin ich da wesentlich eitler, wie ich zugeben muss.

»Wie siehscht dann du aus?«, fragt mich Bernd, als ich aus dem feudalen Waschsalon komme.

»Du mich a.«

»Bei ner Brasilianerin häsch de jetzt awer kenn Chance.«

»Ich lass ehnfach kenn an mich heran. Das iss mei ganz Erfolgsrezept.«

»Bei unserer Zimmerkonkubine scheint das awer nett se funktioniere. Die hat nämlich e Au off dich geworf seit du dich für se inngesetzt hascht.«

»Geschmack hat se jedenfalls unn dovunn viel«, erwidere ich genauso schlagfertig wie selbstverständlich.

»Wahrscheinlich will se nur dei Bett unn du sollscht offem Boddem schlofe.«

»Nee, die will mich rumkrien unn nehwer mir im Bett schlofe.«

»Quatsch mit Soße. Du mennscht also, die ekelt sich vor gar nix?«

»Vegess dei schlau Redd nett. Awer wenn's dich intressiert, ich hann Hunger.«

»Mir müsse zuehrscht wasche bevor mer losgehn«, ermahnt mich Bernd, »sonscht trockne die Kleeder nimmeh. Es braucht nur Rehn se genn.«

Ich wollte mich schon in Schale schmeißen. An die Wäsche hatte ich gar nicht mehr gedacht. Recht hat er, der gute Mann. Mein Ersatz für Moni in allen Lebens- und Rucksackfragen. Ein alter, erfahrener Camper. Der richtige Begleiter für diesen Weg. Auch er kann austeilen und wegstecken. Und manchmal Unfug daher reden wie ich.

»Na gutt, do halle mer ehwe droff, dann gehn mer«, zeige ich mich dem Schicksal ergeben.

Also ab zum Waschbecken, Becken voll laufen lassen, Waschseife hinein, Klamotten gut drücken und stampfen, ausdrehen, weiter ausdrehen bis die Muskeln porös werden und die Äderchen in den Augen platzen, zwei Treppen hinab rennen, an die Wäscheleine hängen. Aber die Wäscheleine ist bereits voll. Also alle Kleider rücken, Platz schaffen. Toll.

Was gibt es Schöneres.

Meine Füße schmerzen zwar noch immer, aber der Hunger ist größer. Wir marschieren los, an der bekannten Stierkampfarena vorbei, und gelangen ins Stadtinnere. Ein wunderschönes Zentrum mit einer sehenswerten Kathedrale. Wir bummeln durch enge Gassen, fast falle ich nach vorne ohne Rucksack. Die Leichtigkeit des Gehens. Wie in Trance bewege ich mich, die Lähmung auf den Schultern ist vergessen, ich schwebe fast.

»Ohne Rucksack kommsch de dir vor wie Fallobscht«, sage ich zu Bernd. Der kämpft mit einem Lachanfall.

Später auf der großen Plaza. Wir telefonieren, essen ganz anständig, trinken, beobachten die Leute.

Wir wechseln den Standort, gehen ein paar Meter weiter. Bestellen Vino tinto.

Plötzliche Polizeipräsenz.

Ein einsames Auto, keine zehn Meter von uns entfernt, steht völlig deplatziert und deswegen leicht Verdacht erregend inmitten der Fußgängerzone.

Wir sind schließlich im Baskenland. Und vor wenigen Tagen hatte die ETA noch einen Anschlag verübt. Die Polizei kommt mit zwei Fahrzeugen angesaust, inspiziert, durchleuchtet es.

»Off dem Platz do wollt ich schunn immer mol sitze«, bemerke ich in meiner oberironischen Art zu Bernd, »unn genau zu demm Zeitpunkt.«

»Do iss wennischtens was los«, entgegnet er.

»Unn wenn das Ding hoch geht?«

»Kommscht du in die Höll unn ich in de Himmel.«

Wir lachen, schlagen uns auf die Schenkel. Ich glaube, wir sind die komischsten Pilger des Jakobsweges. Aber wir sind ja noch gar keine richtigen Pilger. Dann aber die komischsten Wanderer des Jakobsweges. Wir benehmen uns infantil, amüsieren uns, wollen einfach jeden negativen Gedanken fern halten, jede Melancholie tot schweigen.

Das Auto war wohl ein Fehlalarm, denn die Polizisten ziehen ab, ohne dass weitere Maßnahmen getroffen werden.

In der Herberge zurück sitzen die Pilger zusammen mit dem Herbergsvater an einem Tisch in der Außenanlage, essen, trinken, erzählen.

Wir gesellen uns dazu.

Wir haben unterwegs zwei Flaschen Wein gekauft, holen jetzt zwei Gläser, und befeuchten unsere Gaumen damit.

Gemütliche Atmosphäre. Der Herbergsvater erzählt und erzählt.

Die drei Saarländer sind übrigens auch zugegen.

Ein Pilger aus Rheinland-Pfalz möchte wissen, ob es im Saarland bekannte Sportler gibt.

Das Land sei ja so *unendlich* klein, wie er in Austeilerpose fein säuberlich gerissen artikuliert.

»Wemmer die Palz übernomm hann, dann nimmeh«, bemerkt Bernd cool.

»Wie?«, fragt der Mann. Anscheinend schwer von Begriff. Ein typischer Pfälzer seines Schlages.

»Mein Freund meint, wenn das Saarland Rheinland-Pfalz irgendwann übernommen hat, sind wir groß genug.«

Ich betätige mich als Übersetzer und bin stolz auf mein perfektes Hochdeutsch, betone, nein, überzeichne jedes noch so anmaßende Wort.

»Wie?«

Ist der Mann obercool oder wirklich schwer von Begriff? Wieso versteht er mich nicht? Aber welcher Pfälzer versteht auch schon hochdeutsch? Ganz klar. Mein Fehler.

»Noh de Fusion mit de Palz iss unser geliebtes Saarland dann de Chef dieses neuen, größeren Bundeslandes«, versuche ich es in einer Art Mischsprache, die gezielt für Pfälzer entwickelt wurde, um jenem Pfälzer die offensichtlichen Verständigungsprobleme etwas zu erleichtern.

»Hahaha, wohl größewahnsinnisch worre«, entgegnet der Pfälzer in seiner sympathischen Mundart jetzt fast in einem ganzen Satz.

»Er hat mich vestann«, wende ich mich glücklich an Bernd.

Die saarländische Mischsprache für Pfälzer hat sich voll und ganz bestätigt. Also auch mit diesen Menschen kann man sich verständigen. Ich registriere dies mit Wohlwollen und Genugtuung.

Der Pfälzer schaut etwas indigniert.

»Wehsch de eigentlich wie viel Pälzer Witze es gibt?«, wendet sich Bernd noch cooler als vorhin an den leicht Begriffsstutzigen, um auf die Spitze noch eine Spitze zu setzen.

Pilgertisch mit 5 Saarländern in Paderborner Herberge

»Noi«, erwidert der Pfälzer, ohne zu wissen, dass die Falle bereits zugeschnappt hat. Aha, Sprache verstanden. Er scheint doch nicht ganz monostrukturiert zu sein, wie man leicht glauben könnte, er steigert sich.

»Kenner. Es iss alles wohr.«

»Hahaha«.

Der Pfälzer ist bemerkenswert vielsprachig. Außerdem ein netter Kerl. Wie übrigens die meisten Pfälzer.

Das möchte ich an diesem Punkt ausdrücklich klar stellen.

Im Grunde gibt es keine Animositäten zwischen Saarländern und Pfälzern. Sie mögen sich. Vieles wird zu heiß gekocht. Und ohne konkreten Hintergrund von beiden Seiten zwecks gegenseitiger Belustigung und Veralberung allzu gerne lanciert.

Das meiste ist durchaus ironisch, vorgespielt, selten böse gemeint und deshalb völlig harmlos.

Später treffen wir unseren Freund immer wieder. Und jedes Mal fragt er nach bekannten saarländischen Sportlern. Und jedes Mal haben wir eine Antwort parat.

Wir sind stolz auf uns. Jetzt aber zu Bett ihr Pilger. Gute Nacht, und schlaft recht schön. Winfried, Alex und die auf dem Boden liegende Pilgerin schnarchen schon, als wir kommen.

Einigen Wein intus. Er gibt uns die Kraft, trotz dieses massiven Geräuschpegels, die Erfüllung des für die Wanderung so notwendigen Schlafes zu finden.

Morgen immerhin nächste schwere Etappe.

Da müssen wir auf den Punkt topfit und ausgeschlafen sein.

Trotz Husten und Schnarchen, Schwitzen und Riechen, und immer wieder Getrampel auf die Toilette in den anderen Räumen der Herberge.

23. Mai 2007

4. Etappe Pamplona – Puente de la Reina

24 km

Abmarsch gegen acht Uhr. Der Beinahemönchbetteneinteilersozialdienstarbeiter reicht uns die Hand.

»Na, dann lauft mal schön, ihr Saarländer, und grüßt mir die Heimat.«

Werden wir tun.

»E Schleimer iss das«, sage ich ungnädig zu Bernd, als wir aufbrechen.

»Der iss doch lustisch. Was willsch de dann?«

»Das iss e Foozer. Sonscht nix. Heert sich gehr schwättze.«

»Do kenn ich noch enner.«

»Kenn ich denne a?«

»Ich wes nett, der hat so e komischer Hut offem Kopp, ziemlich hässliche Stoppele im Gesicht, e Menge Blut drum erum geschmiert, sei Rucksack duhdem ständisch weh, er jammert ununnerbroch unn sei Weicheierfüß mache a nimmeh mit.«

»Wer könnt das nur sinn?«

»Fro mich mol was Leichteres.«

Wir haben sehr gutes Wanderwetter bis gegen 14:00 Uhr. Dann starker Regen.

Das Wandern gestaltet sich heute abwechslungsreich. Berg und Tal. Aber nicht zu anstrengend. Nach den Pyrenäen kann es keine größeren Strapazen mehr geben. Meine Füße gehen leidlich, das Knie macht leichte Probleme. Es ist angeschwollen. Ich muss eine Tablette schlucken. Bin eigentlich schon daran gewöhnt. Jeden Morgen nehme ich Magnesium. Eine Zeitlang Aspirin. Wegen der Halsschmerzen. Aber es sind die Stimmbänder, wie ich spät bemerke. Ich spreche ziemlich heißer. Ich verabreiche mir deswegen Antibiotika aus meiner Hausapotheke. Und trinke sehr viel. Immer wieder fülle ich die Flaschen auf.

Die Schulter beginnt zu schmerzen. Das ist sehr nervig. Der Gurt des Rucksacks schneidet voll hinein. Ich hebe ihn ständig etwas an, um ein wenig Entlastung und Entspannung zu bekommen, fluche leise vor mich hin.

»Duht was weh?«, bemerkt Bernd.

»Jo.«

»Na, sahs schunn, dann hammers für heit hinner uns.«

»Du mich a«, gifte ich zurück.

»Was duht dann weh?«, bemerkt er jetzt fast mitleidsvoll. Ich kann es kaum glauben. Aber dieses Grinsen ist verdächtig. Das spüre ich. Er aalt sich an meinen Schmerzen. Doch ich tue ihm den Gefallen. Denn Schadenfreude währt meist nur kurze Zeit. Er soll sie genießen, und dann seine verdiente Strafe erhalten. Es gibt so etwas wie Gerechtigkeit auf dieser Welt. Da bin ich ganz Fatalist. Und voller Gottvertrauen.

»Die Füß brenne, als ob ich off Glasscherwe laafe wird.«

»Steche se wie e Eiterzahn?«

»Schlimmer. Ganz extrem.«

»Och, das duht mer jetzt awer *so* leed.«

Dieser Sarkasmus. Keiner kann das besser. Zumindest keiner, der mit mir läuft. Aber ich gönne ihm sein Glück jetzt, und jammere gerne, allzu gerne. Jammern kann auch hilfreich sein, regelrecht befreien, Schmerzen vergessen machen. Jammern spendet Trost in Heulsusezeiten.

»Das glab ich dir sofort«, bestätige ich durchaus ironisch sein vorgespieltes falsches Mitleid.

»Unn was duht noch weh?«

»Mei Stimmbänner.«

»Extrem?«

»Ganz extrem.«

Ich artikuliere mich mit meiner bemitleidenswertesten Stimme. Ein Gefühl der Schuld müsste ihn nun doch plagen. Nämlich die Schuld, nicht das geringste Mitleid zu empfinden, und mich noch für meinen Schmerz zu veralbern. Aber das Gegenteil ist der Fall.

»Unn was noch?«

Dieses Grinsen. Ich möchte an dieser Stelle jetzt nicht erwähnen, was ich mir damals alles ausgemalt habe.

Ich bitte im Nachhinein um Vergebung dafür.

»Mei Schuller duht a extrem weh.«

»Ganz extrem?«

Bernd liebt offenbar meinen *extremen* Wortschatz.

»Ziemlich extrem.«

Ich erwarte jetzt doch ein leichtes Umschwenken und etwas mehr ehrliches Mitgefühl von ihm. Andernfalls werde ich mich ernsthaft dazu durchringen, beleidigt zu sein.

»Sonscht nix?«

Er grinst mich weiter blöde an. Jetzt werde ich doch langsam sauer. Ich habe ihm die Chance seines Lebens gegeben. Er hat sie nicht wahrgenommen.

»E klitzekleenes Mitgefühl wär gar nett schlecht unn koscht a nix«, bemerke ich so gereizt wie aufgebracht.

»Das duht dir nett gutt. Du brauchscht e hartie Hand. Müschts jo eigentlich von dehemm wisse.«

»Hascht doch kenn Ahnung unn dovunn viel. Wenns weh duht, dann duhts ehwe weh.«

»Wollemer heit wedder de ganze Da jammere?«

»Du hascht mich doch gefrot. Odder etwa nett? Duht dir nix weh?«

»Nee.«

»Überhaupt nix?«

»Nee.«

Enttäuscht seile ich mich ein wenig ab, und laufe voraus. Dieses breite, verschmitzte Grinsen, welches Bernds Wangenknochen unverschämt verdächtig aufbläht, sein Gesicht herausfordernd wie ein Vollmond in die Breite zieht, ist auch nicht zu ertragen. Ich bin außerdem unzufrieden, finde es ganz und gar ungerecht, dass ich ständig diese Schmerzen ertragen muss, während für ihn Schulter wie Füße keinerlei Belastung darstellen.

Mit dem Innenleben meines Rucksacks komme ich übrigens

auch nicht besonders gut zurecht. Ich bin ständig desorganisiert. Bernd muss jeden Morgen auf mich warten.

»Werrds heit noch was?«, fragt er dann.
»Hasch de Schtress?«
»Nee, ich würd nur gehr ankomme bevors Owend iss.«
»Rehsch dich ab, kannscht noch früh genunk am Camino entlang schleiche.«
»Hasch de mol off mich wade müsse?«
»Schtändisch.«
»Foozer. Mei Großmutter wär schneller als du. Das kann ich dir sahn.«
»Do iss jo a nix debei.«
»Seehrscht nett fertisch werre, unn dann a noch frech sinn.«
»Duht mer leed.«
»Das war geloh.«

Ich warte eine Weile auf Bernd, wir laufen jetzt wieder einträchtig nebeneinander her. Unsere Hüte haben wir an unsere Rucksäcke gebunden. Wir marschieren bei bedecktem Himmel. So setzen wir sie nicht auf, da wir auf der Kopfhaut dann zu leicht schwitzen.
»Iss mei Hut noch do?«, fragt Bernd.
»Jo, unn meiner?«
»A do.«
Diese Frage stellen wir uns immer wieder auf unserer Pilgerreise.
Denn aus einem logisch fassbaren Grund haben wir einen Mordsbammel davor, dass der Stetson wegfliegt, ohne dass wir es bemerken, weil wir ihn nie ganz so fest an den Rucksack binden, um ihn bei Bedarf schnell wieder zur Hand respektive auf dem Kopf zu haben. Denn als ich ihn einmal mit einem Doppelknoten schnürte, benötigte ich eine geschlagene Viertelstunde, um ihn wieder los zu bekommen.
Wir scherzen jetzt, erzählen uns Witze, lachen, benehmen uns kindisch, kein Intellekt ist gefragt, sondern Wegbeschreitung, ans

Ziel kommen, den Weg vergessen reden, dadurch Kilometer überbrücken, ablenken.

Langsam werde ich ruhiger, irgendwie gelassener. Wir treffen immer wieder bekannte Pilger. Einer müht sich sehr ab. Es ist Winfried, der Berliner, der über Bernd in der Paderborner Herberge geschlafen hat. Alex begegnen wir auch auf halber Strecke. Er schließt sich uns an. Aus Pamplona heraus, in einem Park, hätten wir uns beinahe verlaufen. Wir sind so in unser Gespräch vertieft, dass wir überhaupt nicht aufpassen. Eine Frau kommt auf uns zu, und zeigt uns direkt vor der Abbiegung des Camino, welche wir übersehen haben, die richtige Fährte.

Wir sind keinen Meter zuviel gegangen. Aber einige Kilometer wären wir wohl falsch gelaufen, wenn sie zur rechten Zeit nicht am rechten Ort gewesen wäre.

Ein Ehepaar aus dem Ruhrgebiet, Wolgadeutsche, treffen wir bisher jeden Tag an verschiedenen Plätzen. Wir reden dann kurz, tauschen uns über unser Etappenziel aus, und gehen wieder getrennt.

Jeder hat seinen Schritt, man darf nicht aus dem Tritt kommen, muss sein ureigenes vertrautes Tempo beibehalten. Ich laufe normalerweise etwas schneller als Bernd. Aber auf flachen Strecken passe ich mich ihm an, ohne dass es mir schwer fällt. Nur am Berg muss ich meine eigene Geschwindigkeit gehen, um nicht zu sehr zu ermüden, und marschiere vor. Oben warte ich dann auf ihn.

Dieses Verhalten hat sich mittlerweile so eingependelt.

Gegen 14:00 Uhr beginnt es zu regnen.

Das bedeutet, Rucksack ab, Regenjacke, die Gott sei Dank völlig Regen undurchlässig ist, anziehen, Regenschutz über Rucksack, Kontrolle, ob alles gut gesichert ist und Weitermarsch.

Aber es macht keinen großen Spaß, im Regen zu gehen.

Der Berliner Winfried, der Österreicher Alex, Bernd und ich kommen so gegen 16:15 Uhr in der Herberge an. Sie ist sehr schön und vor allem sauber.

Pilgergedenkstätte am Wegesrand

Über der Herberge ist ein Restaurant. Bernd und ich bekommen ein Zimmer mit zwei Betten, das mit Strohmatten von den anderen Zimmern abgetrennt ist.

Luxus pur.

Außerdem genügend Duschen und Toiletten vorhanden. Doppelter Luxus pur. Wir tun das Übliche: Stempel holen, Herberge bezahlen, duschen, Füße hoch legen, pflegen, einsalben, Wäsche waschen, aufhängen, Essen gehen.

Abends sehen wir uns dann das Zentrum von Puente de la Reina an.

Ein schönes Dorf, lang gezogene enge Straße, kleine Gässchen, viele Geschäfte, und noch mehr Bars, tolle Brücke, beeindruckende Kirche. Viel Gold. Unglaublich.

Die Wetterprognosen für die nächsten Tage sind schlecht.

Nützt nichts. Wir müssen weiter. Immer weiter. Unser nächstes Ziel heißt Estella.

Es zählt nur unser nächstes Ziel.

Darauf sind wir fixiert in unserer mittlerweile schon etwas voraus schauenden und voraus denkenden Fast-Pilgerart.

Mohnblumenfelder so weit das Auge reicht

24. Mai 2007

5. Etappe Puente de la Reina – Estella

25 km

Frühstück ohne Brötchen, ohne Fluites, nur Zwieback mit Käse, Marmelade, keine Wurst. Aber ein Frühstück. Der Kaffee ist gut, sehr gut. Cafe con leche grande.

Wir brechen gegen acht Uhr auf.

Es ist heiß, fast schwül. Sehr schöne Strecke, teilweise anstrengend, weil immer wieder Anhöhen kommen, die man auch wieder hinab gehen muss. Man hat manchmal das Gefühl, eine Steigung gleich fünfmal hinunter zu laufen.

Alex und Winfried sind bei uns.

Wir unterstützen Winfried. Sein Knie belastet ihn stark. Er möchte sich uns anschließen, traut sich die Strecke allein nicht zu. Wir entscheiden spontan, ihm zu helfen, und ziehen ihn mit. Dankbar, mit schmerzverzerrtem Gesicht, geht er tapfer des Weges. Er läuft mit zwei Stöcken. Kommt ganz gut damit zurecht. Kann sein Knie etwas entlasten. Doch jeder abschüssige Weg macht ihm immens zu schaffen.

Er erzählt von sich. Er arbeitete vor seiner Pensionierung im Tiefbau, war Meister, hatte viele Jahre immer dieselbe Kolonne unter sich, ist zum dritten Mal verheiratet. Leichte Probleme auch in dieser Ehe brachten ihn auf die Idee, den Jakobsweg zu gehen.

Winfried ist ein Softie-Problempilger. Nichts allzu Ernstes also. Auf der Strecke möchte er zu sich kommen, seinen ureigenen Weg finden, wie viele Pilger, denen wir später begegnen. Er erzählt uns von seinen Scheidungen, von seiner Mutter, die sehr früh starb, was ein schwerer Schock für ihn war, und von seinem Vater, den er tot in der Wohnung fand.

Er läuft jetzt besser, einfach runder, flüssiger, wahrscheinlich wird er durch die Gespräche von seiner Pein ein wenig abgelenkt.

Mit der Zeit gewöhnt man sich aber auch an den Schmerz, arrangiert sich mit ihm. Wir gehen einen schmalen Pfad entlang. Immer hintereinander. Über Stock und Stein. Viel Grün links und rechts des Weges. Ganz plötzlich, wie aus heiterem Himmel, ein Sturz von Bernd. Er liegt auf dem Rücken wie ein Maikäfer. Ich sehe, dass nichts Ernsthaftes geschehen ist, und lache mich halb bewusstlos, während dessen Bernd sich abmüht, wieder in die Vertikale zu kommen.

Er verspürt anscheinend nicht die geringste Lust, in meinen Laschsingsang mit einzustimmen.

»Gönn mir dass doch emol«, und es soll sich anhören wie eine Entschuldigung für mein ungebührliches Benehmen.

»Zum Dotlache was? Ich hätt mir unner Umstänne veleicht was breche könne.«

Bernds Stimme klingt dramatisch verärgert, schauspielerisch überzogen mit beleidigtem Unterton.

Gut, mein Kleiner. Klingt gut so, wie sie klingt. Könnte ich viel öfter hören, damit meine eigenen Schmerzen davon ein wenig übertüncht werden, und ich einen Leidensgenossen habe, was das Ganze doch ziemlich erleichtert.

»Ich hann doch gesiehn, dass nix passiert iss.«

»Du mit deim Röntscheblick, was?«

»Rehsch dich ab, Schmidtche. War nett so gemennt. Hann nur kurzfristisch, werklich nur ganz kurzfristisch, e bissje Spass gehat.«

»Do leit mer do, kann sich nimmeh rühre, nimmeh recke unn strecke, unn es werrd noch herzhaft iwwer enner gelacht. Du bischt veleicht e Freund.«

»Es geht doch wedder. Unn mir ziehe wie immer an ennem Schtrang.«

»Jo, du off de ehn Seit unn ich off de anner.«

Ich lache. Bernd schließt sich an, Winfried ebenfalls.

»Siehsch de, kannscht jo wedder witzisch sinn. Awer ich konnt vorhin nett annerscht. Hat sich ehnfach so ergib, als de do in de

Sehle gehunk hascht wie e Schippesippter. E Maikäfer sieht in de Rückelaach irgendwie sportlicher aus.«

»Rindvieh.«

Winfried lacht laut los, als Bernd das sagt.

»Rindvieh?«, frage ich zart nach, mime den gehöramputierten und trotzdem leicht gekränkten Klaus, und kann gerade noch meine Belustigung respektive das Losprusten unterdrücken.

»Jo, Rindvieh, gefährliches. Jetzt vestann?«

Winfried lacht noch immer.

»Rindvieh, gefährliches?«, ziehe ich jedes Wort genüsslich auseinander und spiele in Theatermanier ganz in Bernds Sinne weiter erstauntes Entsetzen.

»Jo, willschdes noch emol heere?«

»Das iss bei uns so«, ignoriere ich Bernds Manöver, indem ich mich an Winfried wende und ihm das Schimpfwort im gebrauchten Sinne erläutere.

»Eigentlich isses gar nett bös gemennt. Mir Saarlänner sinn ehwe grad eraus unn besonners herzlich zuenanner«, beende ich meinen Redeschwall.

»Man hört´s und sieht´s«, zieht der Berliner nonchalant mit belustigtem Timbre in seiner Stimme Fazit.

»Iss alles klar?«, frage ich zur Sicherheit, vor allem aber wegen meines sich jetzt doch leise einschleichenden schlechten Gewissens bei Bernd nach.

»Bin grad so am Lehwe.«

Er spielt die immer noch beleidigte Leberwurst.

»Ach, du mei Armer«, mime ich den mitfühlenden Bruder.

»Gebroch scheint nix se sinn.«

Herzerweichend!

»Außer dei gekränktes Herz.«

Ich bringe es auf den Punkt.

»Das werrds schunn aushalle. Mach dir mol do drum kenn Gedanke.«

Tapferer kleiner Kerl.

»Do kannsch de jo jetzt in deim Hölletempo offem Camino weider krieche.«

»Rindvieh, ich hann wennischdens kenn Schmerze.«

»Rindvieh kannsch de zu mir nett sahn.«

»Ich hanns awer gesaht.«

»Das duht jetzt richtisch weh.«

»Dann musses emol weh duhn. Noh mir hat vorhin a kenner gefrot odder besonnersch Rücksicht genomm. Ignorantetum war angesaht.«

»Ich hann doch reagiert.«

»Jo, wie e Eisbeidel im Kühlschrank.«

»Man hats schunn nett leicht im Lehwe. Vor allem wemmer offem Rücke leit.«

»Wie geht's dann eigentlich deine Füßjer?«

Ich erspare mir jeden weiteren bissigen Kommentar und wir gehen weiter.

Kilometer um Kilometer.

Gegen 15:15 Uhr kommen wir schließlich in Estella an, und suchen die uns empfohlene Herberge.

Wir laufen von einem Ende zum anderen und finden sie nicht. Schließlich fragen Bernd und Alex an einer Tankstelle nach.

Wir müssten den Weg längs des Camino noch etwa zwei Kilometer weiter gehen, dann liege sie auf der linken Seite nur 50 Meter vom Camino entfernt, bekommen sie zur Antwort. Der Berliner verzieht das Gesicht, weil er noch ein Stück laufen muss. Sein Knie belastet ihn unerträglich. Es ist und bleibt sein Handicap. Aber es nützt nichts. Wir müssen weiter. Wir bieten ihm an, gemeinsam seinen Rucksack zu tragen, aber er lehnt ab, hat auch seinen Stolz. Tatsächlich finden wir die Herberge, die recht schön, geräumig und sauber ist. Der Herbergsvater ist Deutscher. Ein Kosmopolit. Er ist ständig unterwegs, wechselt die Orte. Hier sei er schon seit mehr als drei Jahren, bemerkt er selbst überrascht ob seiner Bodenständigkeit.

Ich sage zu ihm, nachdem wir unseren Stempel bekommen und

unsere Unterkunft bezahlt haben, in meinem perfektesten Hochdeutsch: »Hör bitte mal zu, ich muss…«

Fröhliches Beisammensein in der Herberge von Estella

»Nein, nein, nein«, unterbricht er mich, »hier in dieser Pilgeratmosphäre gibt es kein Muss. Das solltest du gleich wissen.«

»Danke für die Belehrung. Werde es mir merken.«

Wir reden dann noch eine Zeitlang, albern herum.

Winfried, Bernd, Alex, meine Wenigkeit, und der Sozialarbeiter.

Aber ich bin nass bis auf die Haut. Der Schweiß tropft mir die Wangen hinunter.

Langsam wird es mir zu ungemütlich. Ich werde ungeduldig, benötige jetzt dringend eine Dusche.

»Könntest du mir bitte sagen, wo sich der Schlafsaal und die Duschen befinden?«, frage ich den Herbergsvater daraufhin.

»Du musst…«

Ich unterbreche ihn geistesgegenwärtig: »Nein, nein, nein, in dieser Pilgeratmosphäre gibt es kein Muss. Das solltest du gleich wissen.«

Natürlich habe ich die Lacher auf meiner Seite. Er lacht auch herzhaft mit.

Abends essen Winfried, Alex, Bernd und ich im Restaurant über der Herberge für acht Euro ein Pilgermenü: Spaghetti, Schweinefleisch mit Pommes, Eis. Dazu wird eine Flasche Wein gereicht.

Das Essen war nicht besonders gut, aber der Hunger schiebt alles hinein.

Pilgerkarawane auf dem Alto del Perdon

25. Mai 2007

6. Etappe Estella – Logrono *(1 Std. Busfahrt)*

Logrono – Navarrete

15 km

Wir laufen gegen zehn Uhr zur Bushaltestelle, da wir einige Kilometer überbrücken wollen. Uns stehen nur vier Wochen Urlaub zur Verfügung, und in dieser Zeitspanne wollen wir nicht das volle Pensum von 800 Kilometern zu Fuß nach Santiago zurücklegen. Zwischen fünf- und sechshundert gelaufenen Kilometern haben Bernd und ich vor unserer Pilgerreise vereinbart.

Und in Estella bietet sich uns zum ersten Mal seit Beginn unserer Wanderung die Möglichkeit, eine größere Strecke mit dem Bus zu fahren.

Vorher verabschieden wir uns von Alex, dem Wiener.

Sehr netter Kerl, weltoffen und smart. Er ist Tiefbauingenieur, seine Firma hat Pleite gemacht. Er beschäftigt sich auf dem Jakobsweg mit der Frage, ob er seine ältere Freundin heiraten soll und ein Kind mit ihr möchte. Sie ist schon 35, er selbst erst 30 Jahre jung.

Machs gut, Alex, mein Pilgerfreund. Treffe eine Entscheidung, möglichst die richtige, und gehe sie dann konsequent an.

Winfried bleibt bei uns. Nach seiner Schwächephase in den Pyrenäen hat er sich vor der zweiten Etappe in Roncesvalles einen Ruhetag gegönnt, um seinen geschundenen Körper wieder aufzufrischen. Er ahnt, dass er den ganzen Weg, trotz der Zeit, die ihm verbleibt, nicht schafft.

Daher hat er sich entschlossen, mit uns den Bus nach Logrono zu nehmen. Er fühlt sich noch nicht stark genug, und möchte einige Kilometer überbrücken.

Recht hat er. Was der Körper braucht, muss man ihm geben, darf man ihm unter keinen Umständen verwehren. Das würde sich bitter rächen. Man wird mit der Zeit wesentlich sensibler und hellhöriger für alle noch so kleinen Alarmzeichen.

Während des Wartens an der Bushaltestelle überlege ich, wie ich mich zukünftig bezüglich des Rucksacks besser organisiere. Ständig bin ich am Suchen. Das nervt gehörig. Nicht nur Bernd.

»De Rucksack krien ich ehnfach nett richtisch in de Griff.«

»Denne häsch de dehemm sellwerr packe müsse. Iss doch klar, dass de nix findscht. Awer wahrscheinlich wärsch de dann bis heit noch nett fertisch.«

»Du mennscht wohl ich bin blemmblemm.«

»E Macke hammer all. Do lebts sich ehnfacher.«

»Ich hann jedenfalls immer meh Schwierischkehde, die Sache all unnersekrien. Menn grad die Kleeder vermehre sich wie damals de Wein beim Jesus.«

»Das iss schunn lang her. Dass de dich do dran noch erinnere kannscht.«

»Hann ehwe e Gedächtnis wie e Elefant.«

»Mim Bart unn mim Hut gleicht de a irgendwie em Methusalem.«

»Liewer em Methusalem als em Hängebauchschweinche.«

»Rindvieh, gefährliches, das duht jetzt werklich weh. Kannscht mers glawe.«

»Do nemm ichs zerück unn behaupt es Gejedehl.«

»Zu spät, mei Pilscherbruder, dei Sünde werre dir nett vegenn.«

»Dann musch de ehwe domit lehwe.«

»Schwer. Wenn e Freund mich mit em Hängebauchschwein vegleicht.«

»Mit em Hängebauchschweinche. Das ist ein kleiner aber feiner Unterschied, Herr Pilgerkollege.«

Und ich betone jedes schriftdeutsch gesprochene Wort.

»Unn wo genau leit de Unnerschied?«

»Das Schweinche hat e viel dünnerer Bauch.«

»Do bisch de jo noch emol fein rauskomm.«

»Jedenfalls wie *dei Bauch* – hann ich eigentlich gemennt.«

Ein gutes Gefühl beschleicht mich. Diese Metapher ist mir geglückt.

Bernd bestätigt mich, indem er sich wie auf Kommando gekränkt zeigt.

»Das duht jetzt schunn wedder weh.«

»Ich konnt mich nett bremse. War wie e Steilvorlaach.«

»Die de dir sellwerr genn hascht.«

»Duht mer leed.«

»Wie lang dann, du scheinheilischer Pilscherbruder?«

»Duht mer werklich leed. Ich schwöre.«

Dabei strecke ich den Mittelfinger der rechten Hand demonstrativ mit ausladender, wichtigtuerischer, pathetischer Geste nach oben und versuche so gekonnt wie mein Pilgerbruder unverschämt herausfordernd zu grinsen. Was mir natürlich nicht vollends gelingt. Dieses Monopol hat er einzig und allein für sich gepachtet.

»Du mich a«, reagiert Bernd auf diese Provokation wie er reagieren soll.

»Komm, jetzt gepp dich«, ignoriere ich seine guten Wünsche.

»Ich hann a mei Stolz.«

»Iss jo gutt.«

»Wenn de mennscht.«

»Trotzdem komm ich mit meim Rucksack nett klar«, bleibe ich beharrlich.

»Du muscht dei Sache rolle. Dann hasch de a meh Stauraum. Awer warum sahn ich dir das eientlich? Iss wie Perle vor die Säue geworf.«

Doch das war des Pudels Kern. Fortan hielt ich mich daran und fuhr gut damit.

Auch die Herbergen machen mir auf den ersten Etappen ziemlich zu schaffen. Sowohl die Schlafräume als auch die sanitären Anlagen. Trotzdem nehme ich sie inzwischen mit einiger Gelassenheit. Ich kann doch nichts beeinflussen, nichts daran ändern, mich nur damit abfinden. Es nützt nichts, an allem herumzunörgeln, basta und Schluss.

Der Bus lässt auf sich warten.

Ein Pilger und eine Pilgerin sind bei uns. Wir kennen sie nur flüchtig. Sie unterhalten sich über Hape Kerkelings Buch: *Ich bin dann mal weg.*

Es würde ihm gut gefallen, behauptet der Mann, aber er würde nie auf die Idee kommen, selbst wenn er es könnte, ein Buch über den Jakobsweg zu schreiben. Er wolle sich nicht prostituieren und alle Eindrücke, die sich ihm gegenwärtig und auch in Zukunft bieten werden, für sich behalten. Es ginge niemanden etwas an, wie er sich auf diesem Weg fühlt, was er erlebt und erleidet. Das sei reine Privatsache.

Diese Argumente kann ich irgendwie nachvollziehen.

Und trotzdem: Ich glaube in diesem Augenblick ist die Idee erst gewachsen, ein Buch über den Camino zu schreiben.

Vielleicht bin ich diesen Weg sogar einzig und allein aus diesem Grund gegangen. Ich wollte etwas erleben, nichts Alltägliches, etwas Besonderes, Einzigartiges, und fern von der Heimat die vorgegebenen wie festgetretenen Pfade verlassen, den langweiligen und öden Endlosgleisen meines Daseins für kurze Zeit einmal entrinnen. Ich wollte das Ungreifbare, das Unfassbare, das Unsehbare sichtbar machen in meiner Seele, es ablichten, ausspähen, verstehen, weitergeben.

Und so trug ich die untrügerische Gewissheit, tatsächlich auch etwas Besonderes zu erleben, was ein gutes Buch ja erst lesenswert macht, von nun an wie ein Schatz mit mir herum, allerdings ganz tief in mir verborgen.

Endlich kommt der Bus. Natürlich wie immer mit Verspätung.

Auf der Fahrt nach Logrono führe ich mit Bernd ein langes, tiefes, intensives Gespräch. Es geht um seine familiäre Situation. Viele Probleme, die zu lösen sind. Die unweigerlich auf ihn zukommen werden.

Erste schwere kritische Phase von ihm.

Ich versuche ihn zu trösten. Aber es ist schwer, jemanden zu trösten, der vor einem solchen Problemberg steht. Außerdem sorgt er sich um eine Bekannte, die ebenfalls Probleme hat, die sie in den Griff kriegen muss. Er wird damit immer wieder konfrontiert.

SMS gehen hin und her. Ich kann das verstehen. Seine Bekannte braucht Zuwendung, die er ihr von der Ferne kaum geben kann.

Er ist am Resignieren. Ich halte durch. Versuche es wenigstens. Ich bin aber auch kein Problempilger. Bin überhaupt noch kein Pilger. Nur ein einfacher Wanderer. Aber auf dem besten Weg, ein guter Pilger zu werden.

Wir befinden uns jetzt in der autonomen Region La Rioja, in Logrono.

Auf einer Polizeidienststelle, in der Nähe des Busbahnhofs, lassen wir uns einen Stempel geben, und laufen weiter nach Navarrete.

Ein alter Spanier, der den Camino schon mehrmals gegangen ist, eskortiert uns sehr freundlich, damit wir uns durch das Zentrum der Stadt nicht verlaufen.

Grazias Senor.

Nach Navarrete sind es nur ungefähr 15 Kilometer.

Ein Klax also. Außerdem ein unanstrengender Weg. Keine besonderen Vorkommnisse.

Immer wieder sehen wir Häuser, vor denen ein Schild hängt: *se vende.*

»Was soll mer mit so nem alde vefallene Haus anfange?«, fragt mich Bernd, »do würd ich noch nett emol mei Katz iwwernachte lasse.«

Recht hat er. Teilweise sind nur noch Fassaden von den Häusern übrig, die zum Verkauf anstehen.

»Do machsch de dir scheene Vorhäng an die Fenschder unn schunn sieht das Haus wedder ganz annerscht aus.«

»In ner Hundehütt wollt ich eigentlich nett wohne.«

»Wie kammer nur so wählerisch sinn. Platz häsch de jo genunk drin.«

»Du mennscht, enner wo unner de Dischtennisplatt durchlaafe kann, fühlt sich a in ner Hundehütt wohl«, gibt sich mein Jakobsbruder schlagfertig witzig.

»Du werrscht jo immer hellheerischer«, lobe ich ihn.

»Bin ehwe e pfiffisch Kerlche, der sich vor nimmand vesteckt unns sogar mit de Große offnemmt.«

»Wenn de dich do mol nett veheppscht.«

In der Herberge in Navarrete lassen wir uns die Stempel geben und beziehen Quartier.

Gewöhnungsbedürftiges Quartier.

Ganze vier Duschen in drei Etagen. Bett an Bett. Neben mir Bernd, schräg gegenüber der Berliner, in den Betten neben ihm strecken mir alle ihre Füße entgegen. Sehr geruchsintensiv. Nur ein kleines Fenster, Schweiß geschwängerte Luft, um das noch vornehm auszudrücken. Auf die Toilette muss ich zwei Etagen tiefer. Mit Taschenlampe. Gut, dass ich sie mitgenommen habe. Eigentlich ist sie unverzichtbar geworden. Zum Duschen geht es durch einen fremden Schlafsaal eine Etage hinunter. Zum Glück sind die Pilger verständnisvoll, schütteln aber trotzdem ihre Köpfe. Warum bleibt ihr Geheimnis. Vielleicht über die Zustände. Weniger wohl über mich.

Ist doch klar. Oder?

Abends zuerst Kirche besichtigt. Schöne, beeindruckende Kirche.

Die drei Saarländer wieder getroffen, mit ihnen zum Essen. Bescheiden, aber üppig. Linsensuppe, und wie üblich dieses ein Millimeter dicke, zähe Fleisch.

Ein typisches Pilgermenü eben.

Ich kann das Wort schon nicht mehr hören. *Menü de Peregrino*, wie es auf Spanisch heißt, klingt auch nicht viel besser.

»Die Linsesupp war gutt. Odder?«

»Jo, nett schlecht Herr Specht«, antworte ich.

»Die könnt mer jede Da esse. Kannsch de nett viel falsch mache. E Haufe Kohlehydrate.«

»De Hunger schiebt alles rinn.«

»Jo, sogar das Fleisch do, das nett viel dicker iss als e Löschblatt im Schulheft.«

»Ich kanns ball nimmeh hann. Unn es schlimme iss, es schmeckt genau so wies aussieht.«

»Ich glab sogar mei Schuhsohle sinn nett so zäh.«

»Unn ehrscht die Fritte. Kann man gar nett als solche identifiziere.«

»Nee, die könnte genauso gutt als missglückter Teisch durchgehn.«

»Das iss e Klumpe Fett. Meh nett«, lege ich nach, »do musch de offpasse, dass de dir nix holscht.«

»Am beschde jede Owend e doppelter Cognac trinke. Das desinfiziert.«

»Do werre mer noch zum Alkoholiker off unsere alde Da«, vernehme ich meinen kleinen Einwand. Wundere mich über mich selbst. Denn der Cognac mundet vorzüglich, tötet die gefährlichen Keime ab, wie wir uns tatsächlich jeden Abend einreden, und lockert die ganze Szenerie doch etwas auf.

»Hauptsach kenn Virus infange unn nett makrank werre. Das iss die allerehrscht Maxime.«

»Stimmt.«

Antikes Pilgerhospital vor Najera

»Sahn ich doch. Odder hasch de Probleme mim Alkohol?«, hakt mein Pilgerbruder trocken nach, um mir eine Steilvorlage zu geben.

»Nee, nur ohne«, folgt prompt meine von ihm erwartete Reaktion.

Bernd lacht herzhaft.

Ich schließe mich ihm an. Wir benehmen uns wie Kinder. Lieben im Augenblick eben die leichte Kost der Unterhaltung. Später in der Bar dann ernsthaftere Gespräche.

Die ich aber nicht wiedergebe, weil sie nicht hierher gehören, sondern privater Natur sind.

Wir lernen einen Trierer kennen, der den ganzen Weg von seiner Heimat bis nach Santiago laufen möchte. Er ist schon seit März unterwegs.

Im ganzen mehr als 2000 Kilometer. Respekt!

Wunderschöne Aussicht auf Cirauqui

26. Mai 2007

7. Etappe Navarrete – Najera

18 km

Ich lasse bei unserem Abmarsch bezüglich eines leichteren Rucksacks meinen Pullover und meine Regenhose absichtlich in der Herberge zurück. Hinsichtlich des Pullovers war dies ein großer Fehler, wie sich später herausstellt.

Der Trennungsschmerz ist aber in diesem Augenblick erträglich.

Vor dem Aufbruch trete ich im Bad mit meinen Latschen in eine Wasserlache. Strümpfe nass. Nützt nichts, muss darin laufen. Denn es regnet heute Morgen. Hätte sie nicht einmal zum Trocknen an den Rucksack hängen können. Und nasse Wäsche will ich grundsätzlich nicht darin verstauen. Außerdem möchte ich vermeiden, dass die Anderen, die schon ungeduldig vor der Herberge stehen, während ich mit Bernds Bürste meinen Stiftenkopf hartnäckig in Ordnung bringe, wieder einmal auf mich warten müssen. Denn mein Rucksack ist fertig gepackt, ich hätte ihn öffnen und frische Strümpfe darin suchen müssen.

Ich habe heute bezüglich des Marsches ein flaues Gefühl im Magen.

Bei nun stärkerem Regen geht es los. Regenschutz über Rucksack, Kapuze auf Kopf, Stetson darüber. Abmarsch. Wir laufen, Winfried, Bernd und ich.

Schon nach wenigen Minuten sind wir total durchnässt. Die Funktionshosen kleben fest an den Oberschenkeln, saugen sich auf wie ein nasser Schwamm. Die Beine fühlen sich an wie eingeklemmt, als wenn Gewichte daran baumeln würden. Durch die Ärmel der Regenjacken läuft das Wasser bis zu den Unterarmen. Man glaubt, im Wasser zu baden, ist durch und durch nass. Der Oberkörper schwitzt massiv durch die Anstrengung unserer

Schritte. Denn wir gehen schnell, wollen Wind und Regen die Stirn bieten.

Wir trotzen zwar tapfer dem Wetter, aber an jeder Bar halten wir erleichtert an, legen unseren Rucksack ab, und trinken dankbar einen Cafe con leche grande. Der Kaffee wärmt von innen, bringt neues Lebensgefühl, bekämpft den Frust.

Kilometer um Kilometer legen wir zurück.

Der Weg verläuft jetzt neben einer Autobahn. Die meiste Zeit. Auf schwierigem, aufgeweichtem, sandigem Boden. Sehr schwer zu gehen. Man rutscht immer wieder weg. Kein richtiger Stand. Wir kommen nicht gut vorwärts. Aber die Füße schmerzen nicht.

Anfangs hatten wir Weinberge, jetzt nur noch diese lärmende Straße nebenan. Der Geräuschpegel ist stark. Der Sand- und Lehmboden, auf dem wir uns dahin quälen, gefährlich nass. Man muss überaus aufmerksam sein, dass man nicht umknickt.

Wir reden wenig. Jeder ist mit sich selbst beschäftigt. Wir überholen einen jungen Pilger, der kaum noch laufen kann. Er watschelt wie in Zeitlupe auf sein Etappenziel zu. Das leidende Gesicht sieht aus, als würde er den Weg in Trance bewältigen. Als wüsste er gar nicht, dass er hier unterwegs ist. Nichts an seinen Bewegungen sieht rund und koordiniert aus. Er ist am Ende. Wird aber weiter laufen. Und irgendwann ankommen. Hoffentlich. Man fühlt einfach mit. Auch wenn man Witze macht. Und stänkert und lästert.

Dies ist alles Fassade. Wir haben inzwischen zwar nicht den Status, aber das Konterfei eines Pilgers angenommen.

Wir können jedem nur empfehlen: Augen zu und durch.

Eine Weile laufen wir schweigend nebeneinander her. Es geht nur noch darum anzukommen. Das Wandern macht überhaupt keinen Spaß. Nicht die Wege, nicht die Landschaft. Es ist kühl, es ist nass. Wir wollen einfach nur noch ans Ziel gelangen, nichts mehr hören, nichts mehr sehen. Der Himmel ist grau, der Wind wird stärker. Wir quälen uns durch. Meine Füße schwimmen inzwischen im Wasser. Das ist gefährlich. Schnell hat man sich weitere Blasen gelaufen.

Aber die Etappe ist heute Gott sei Dank recht kurz.

Früh kommen wir an. Die Herberge ist noch geschlossen. Zwei Stunden Wartezeit ist uns zuviel. Wir gehen zurück, suchen die andere Herberge, welche in unserem Führer erwähnt ist. Wir suchen und suchen. Werden aber nicht fündig. Fragen uns durch. Bekommen falsche Auskünfte. Fragen wieder. Werden in falsche Richtungen geschickt, sind ratlos, beratschlagen uns.

»Solle mer wedder zerück gehn?«

»Wohin?«, frage ich Bernd doofer als ich bin.

»*Wohin*«, äfft er mich nach, »*wohin*. Du muscht doch was an de Schüssel hann.«

»In das Ding?«, zeige ich mich nun wieder geistig auf der Höhe, um ihm zu beweisen, dass ich nichts an der *Schüssel* habe.

»Das Ding nennt mer Herbersch.«

»Ich hann gemennt Kloake.«

»Du hasch se doch gar nett von inne gesiehn.«

»Von auße hats mer gereicht.«

»Hasch de e Alternative?«

»Was mennsch dann du?«, wende ich mich Hilfe suchend an Winfried, weil ich selbst nicht fähig bin, eine Entscheidung zu treffen.

»Ikke schließe mich euch an«, antwortet er sybillinisch. Er versteht inzwischen unseren Dialekt recht gut.

»Wemm dann? Mir odder *demm?*«, bohre ich genervt, bewusst geringschätzig, weil das jetzt nun einmal so sein muss.

»*Demm?*«, kitzelt Bernd in meine Richtung, »wer issen *demm*? Ich siehn do kenner, der *demm* hehschd.«

Winfried grinst.

»Einigt euch.«

»Also was mache mer, Herr Demm?«, keife ich weiter in Richtung meines Jakobsbruders. Denn immer noch stehen wir im Regen. Und die Lust darauf ist mir schon lange vergangen.

»Mit wemm schwättscht de dann?«

»Wenne hann ich dann angeguckt?«
»Was wes dann ich wo du hinschielscht. Kenn Ahnung.«
»Dovunn hasch de viel.«
»Unn du von viel Ahnung wennisch.«
Wir streiten augenblicklich gerne. Es ist jetzt sozusagen eine Herzensangelegenheit von uns Beiden.
Plötzlich steht ein Mann vor uns.
»Quartier?«
»Ja.«
»Seven Euro okay?«
Fünfzig würde ich ihm geben, wenn ich nur aus diesem verdammten Dauerregen herauskäme, aus den nassen Klamotten, und mich in ein trockenes, sauberes, warmes Bett legen könnte.
»Okay.«
Wir folgen ihm. Vor einer zweifelhaften Doppelgarage bleibt er stehen, öffnet die Tür, bedeutet uns, einzutreten.
Ein Meter hinter dem Eingang an der linken Wand steht ein Bett mit Hochbett, daneben schmaler Flur, der geradeaus in die Minitoilette und Minidusche führt, die Breite des Raumes wird weiter mit einem Bett und Hochbett ausgefüllt, dann etwas Platz dazwischen zwecks Rucksackabstellen und Betten besteigen, nun folgt wieder das gleiche Schema mit Bett und Hochbett bis zur Wand. Vor meinem Bett in der hinteren rechten Ecke ist ein Tisch mit Stuhl im Durchgang zum anderen Raum platziert, darauf setzt sich unser Quartierboss, wir geben ihm die Pilgerpässe, er drückt die heiß geliebten Stempel darauf, kassiert uns cool ab, sagt: *Good Restaurant to corner*, *Menü Peregrino*, *eight Euro*, und verschwindet.
Hinter dem Tisch, auf dem er gerade saß, beginnt die nächste Garage, dieselbe Aufteilung. Nur fehlen Toilette und Dusche. Stattdessen mehr Betten.
Mit sechzehn Pilgern müssen wir eine Dusche und eine Toilette teilen.
Na dann, viel Spaß.

»Iss dass e Gängschder«, bemerkt Bernd, als er den Rucksack abstellt, »unn e Bombelejer dezu.«

»Do hasch de Recht. Der macht aus Dreck Geld.«

»Das glabsch de awer«, hakt Bernd nach.

»Wahrscheinlich ist er noch der Besitzer des Restaurants, das er uns gerade empfohlen hat«, meint Winfried auf typisch Berlinerisch, das ich aber nicht wiedergeben kann.

»Dovunn iss aussegehn. Am beschde gehn mer wo annerscht hin.«

»Quatsch mit Soße. Das Restaurant iss grad um die Eck. Mennsch de ich such jetzt noch lang? Ich hann e Bärehunger.«

»Iss jo gutt«, entgegne ich dem unwirschen Pilgerbruder Bernd, »gehn mer ehwe do hin und lasse uns von dem Bubi noch emol iwwer de Disch ziehe.«

»Besser iwwer de Disch ziehe lasse als se vehungere.«

Beim Auspacken des Rucksacks entdecke ich, dass ich meine Trainingsjacke aus Versehen in der letzten Herberge habe liegen lassen.

Frust pur.

Es herrscht Winter in Spanien, und ich habe keinen Pullover und keine Trainingsjacke mehr dabei.

Mittags in die Bar, dann einkaufen gegangen, wieder in die Bar. Gefroren, gefröstelt. Mehrere Tees getrunken.

Gelitten, frustriert, deprimiert.

Aber nicht am Ende. Wenn auch knapp davor.

Die Toilette in der Bar ist übrigens eine Offenbarung. Halb so groß wie eine Telefonzelle. Nur mit Mühe kann man sich darin drehen. Hinsetzen ist vollkommen ausgeschlossen.

Ich liege jetzt auf dem Bett und habe totalen Frust, was sich bei den Einträgen im Tagebuch auch wieder spiegelt. Anruf meiner Frau. Zum richtigen Zeitpunkt. Wir beschließen, in die Stadt zu gehen. Ich muss aus diesem Mief heraus. Wieder leichte Krankheitssymptome. Hals- und Gliederschmerzen. Aspirin zu mir genommen. Draußen regnet es noch immer, eiskalte Temperaturen.

Möchte eine Stunde ruhen. Dann erst zum Essen. Habe kurzfristig umdisponiert. Fühle mich nicht wohl.

Die anderen sind einverstanden.

Wir alle drei auf dem Bett und in uns versunken.

Kirche mit Störchen in Najera

»Wunnerbar«, sage ich zu Bernd, »morje geht's gleich wedder weider. Auf zur näkscht Etappe. Ehnfach goldisch.«

»Das hammer doch gewisst. Odder?«

»Dass de jede Da laafe muscht, geht ganz scheen an die Substanz. Hätt ich so nett geglabt.«

»Jo, der Zwang nervt tatsächlich gewaltisch. Awer es iss nett se ännere. Mir müsse es beschde draus mache. Es muss nun mol sinn.«

»*Unn watt sinn mutt datt mutt sinn*«, spotte ich über Bernds große Weisheit und Weitsicht.

»Du haschs kapiert.«

»Danke für dei Guttheet, du hascht mer sehr geholf.«

»Gerne-gern-geschehn«, kreiert Bernd ein neues Wort.

Der Berliner sagt gar nichts. Er hört und schweigt, ist mit sich und der Welt fertig. Hat noch einen unglaublich langen Weg vor sich. Und viel einsame Zeit, wenn er wieder alleine läuft. Aber das wusste er ja vorher. Er hat es sich so ausgesucht.

Samstage könnten schöner sein, denke ich deprimiert. Mein Freund Thomas feiert heute Geburtstag. Wäre gerne dabei. Denke an zu Hause. Ich würde diese Reise nicht wiederholen.

Abends Pilgermenü. Man kann sich kaum davor retten oder sich dieser himmlischen Köstlichkeit entziehen. Es gibt keine Alternative. Also hineinstopfen, Kohlenhydrate fassen, satt dabei werden, Kraft tanken.

Der Quartierfetischist, wie Winfried prophezeit hat, serviert höchst persönlich. Das Essen ist erträglich. Aber viel zu bescheiden. Kein Mensch kann davon richtig satt werden. Wir schon gar nicht, weil wir den ganzen Tag nichts Richtiges zwischen die Zähne bekommen haben.

Ein cleveres Kerlchen, dieser Quartierfetischist.

Kassiert die Pilger, die in einem Käfig von Doppelgarage eingepfercht sind wie die wilden Tiere lässig ab und angelt sie sich gleich, sozusagen als äußerster Höhepunkt dieser absoluten Glanzleistung, ganz geschickt noch zum Abendtisch.

Und sie folgen ihm, ohne zu murren. Und ohne zu klagen gehen sie auch wieder schlafen in diesen Sechzehn-Leute-Kellerverließtrakt von Doppelgarage. Kein einfaches Leben dieses Pilgerleben. Nicht wahr, Herr Pilgerquartierfetischist?

Im Tagebuch resümiere ich nach einer Woche Wandererfahrung auf dem unteren Bett der Herberge in dem Doppelgaragenverließ an der hinteren Wand sitzend:

Weg:
Sehr unterschiedliche Bodenbeläge. Große und kleine Kieselsteine, Wurzeln, Wiesengrund, Schotter, Asphalt, Lehm, Teer, Sand.
Die Wegweiser längs des Camino sind gelbe Pfeile und blaue Muscheln an Steinen, Felsen, Stämmen, Zäunen, Wurzeln, an Häusern, Mauern, Laternen, auf Straßen, Leitplanken und wo noch überall. Und immer wieder Pfeile aus kleinen Kiesel- oder Schottersteinen, welche die Richtung zeigen.
Viele kleine Holzkreuze sind an Zäunen, Hauswänden und Mauern zu sehen.

Pilger:
Zeitiges Aufstehen. Manche schon um 04:30 Uhr. Viele Pilger sind irgendwie getrieben, ständig auf der Hetze. Der Kampf um die Betten steckt zu sehr in ihren Köpfen.
Sie bewältigen den Camino aus unterschiedlichen Gründen. Manche laufen ihn, um innere Einkehr zu finden, aus sportlichen, religiösen oder spirituellen Motiven, um sich selbst etwas zu beweisen, anderen etwas zu beweisen, Einsamkeit zu erfahren, Probleme anzugehen, über bestimmte Dinge nachzudenken, mit sich selbst ins Reine zu kommen.
Sie sind jung und alt, geben sich meistens gelassen, geduldig, niemand regt sich auf, wenn er vor einer Herberge warten muss. Das Pilgermenü wird stumm hingenommen, oft ohne eine Miene zu verziehen.

Rucksack:
Immer noch desorientiert, suche ständig, finde nichts. Die Gurte schmerzen an den Schultern. Der Rucksack ist zu schwer. Über 14 Kilogramm mit Wasser. Ständig sind die Klamotten feucht. Der Rucksack riecht. Dies ist schwer zu ertragen.

Füße:
Einige nicht mehr so schlimme Blasen. Komme damit klar, wenn ich sie ordentlich versorge. Jeden Abend Fußmassage, Fußpflege in Form einer Salbe, die ich lange einmassiere.

Gesundheit:
Keine Erkältung mehr, kein Schnupfen, leichte Halsschmerzen.
Mein Knie hält bis jetzt.
Nehme täglich Magnesium, prophylaktisch eine Tablette für das Knie, ich esse viel Obst, und trinke jeden Abend Alkohol, um gut zu schlafen.
Trotzdem mache ich mir ständig Sorgen, rede mir törichterweise ein, einen Hexenschuss zu bekommen. Leichte Anzeichen am Lendenwirbel sind vorhanden. Das wäre das definitive Aus.
Eine gewisse Hysterie.
Man interessiert sich nur noch für sich selbst.
Für die kleinen Wehwehchen.
Man schaut in seinen Körper intensiv hinein, nimmt jedes noch so winzige Signal wahr.

Erkenntnisse:
Schwierige Phasen wechseln sich mit angenehmen Augenblicken der Begegnung ab.
Wir laufen oft lange schweigend unseren nie enden wollenden Weg.
Manchmal laufe ich auch allein, möchte einfach nur meine Ruhe haben.
Immer wieder Anzeichen von gedrückter Stimmung.
Man neigt als Pilger dazu, irgendwie seltsam zu werden.
Ich habe meine innere Einkehr noch lange nicht gefunden.
Warum ich diesen Weg gehe, weiß ich bis heute nicht.
Nichts Spirituelles oder Religiöses bewegt mich. Auch keine sportlichen Motive.

Ständig schaue ich auf mein Handy und erwarte Nachrichten.
Denn man hört und sieht überhaupt nichts.
Kein Fernsehen, kein Radio, keine Zeitungen, man lebt fern von jeder Information.

Eindrücke:
Ich las im Gästebuch einer Herberge unter anderem: Ich bin fix und fertig. Wenn es den Selbstmord nicht gäbe, ich hätte mich schon längst umgebracht.
Heute stehen plötzlich wie aus heiterem Himmel, obwohl es regnete, zwei Sofas mitten auf dem Camino, versperren uns fast den Weg.
Wir lachen herzhaft darüber.

26. Mai 2007
Vor 29 Jahren Standesamt.
Denke an meine Frau.
Sie ist sehr tapfer, es so lange mit mir ausgehalten zu haben.
Aber es hätte sie auch schlimmer treffen können.
Ein gewisses Selbstwertgefühl muss einfach sein.
Wie heißt es noch so schön in einem intelligenten wie klugen Sinnspruch: Man muss sich zuerst einmal selbst lieben, um andere lieben zu können.
Viele Gedanken beschäftigen mich. Freue mich sehr über Hochzeitsgeschenk, das Moni Bernd zusteckte, ohne dass ich es im Vorfeld bemerkte. Bernd hat es acht Tage mit sich herumgetragen. Dankeschön.
Aus der Ferne sieht die Welt irgendwie anders aus. Man lebt viel mehr in den Tag hinein.
Bernd und ich machen uns kaum noch Sorgen, ob wir abends ein Bett bekommen. Wir warten gelassen ab, lassen uns nicht hetzen.
Oft laufen wir Strömen von Pilgern hinterher, befinden uns auf einer Pilgerautobahn. Nicht immer schön.

Wir müssen in den nächsten Tagen eine größere Strecke zurücklegen.
Wir rechnen: Spätestens am 10. Juni müssen wir fünf Etappen vor Santiago sein.
Wenn wir die anvisierten 600 Kilometer laufen wollen, haben wir also noch fünfzehn Tage Zeit, um noch etwa 150 Kilometer mit dem Bus zu überbrücken.
Die Pilger verpflegen sich oft in der Küche selbst. Sie kochen, wärmen auf.
Der Dreck macht ihnen offenbar nichts aus.
Jeden Pilger, der vorüber geht, grüßt man mit ola und bon Camino.
Gestern in Logrono, einer großen Stadt, ging mir der Verkehr ganz schön auf die Nerven.
Ich bin offenbar die Einsamkeit des Camino gewohnt.
Mein Hut sieht inzwischen aus wie eine zusammen geknetete Masse. Der Orkan in den Pyrenäen hat ihm doch arg zugesetzt.
Aber er ist noch funktional.
Ich rasiere mich seit Tagen nicht mehr. Weder Lust noch Zeit dafür.
Mein Äußeres ist mir auf dem Camino nicht wichtig.
Ich sehe eben aus wie ich aussehe.
Ich bekomme zu wenige SMS.
Irgendwie ist man in der Ferne diesbezüglich sensibler.
Man erwartet einfach Nachrichten von Freunden oder guten Bekannten, sei es um aufgerichtet oder informiert zu werden.
Ganz gleich welche Nachrichten.
Man erwartet sie einfach.
Viele Störche entlang des Camino.
Das fällt mir heute wieder ganz besonders auf.
In den Bars werfen die Spanier jeden Müll auf den Boden.
Mit der Zeit stellte sich heraus, dass dies die besten Bars sind.
Die starke Frequenz spricht eindeutig für sie.

Das Tagebuch ist immer dabei

27. Mai 2007

8. Etappe Najera – Santo Domingo de la Calzada

22 km

Busfahrt nach Burgos *(ca. 1 1/4 Std.)*

Gestern erste schwere Krise. Wieder Erkältung, Halsschmerzen, Pullover absichtlich liegen lassen, und dann Joggingjacke vergessen.

Zu dumm. Nein, sträflich blöd. Das durfte einfach nicht passieren.

Ich war zu Tode betrübt. Meine schöne, dünne, funktionale Trainingsjacke, die ich leicht hätte überall hin mitnehmen können, wenn Bedarf bestand.

Eigentlich müsste ich mich ohrfeigen. Stattdessen beschimpfe ich mich auf wüste Weise. Allerdings in Gedanken. Keiner soll über meinen Seelenzustand Bescheid wissen. Das ist Privatsache. Geht nur mich und mein nicht sehr ausgeprägtes organisatorisches Talent etwas an.

Ich war klatschnass, als wir in der Herberge eintrafen, fror, schlotterte am ganzen Körper. Bernd gab mir später seinen Pullover, weil er es nicht mit ansehen konnte.

»Ich brauch ne nett«, tröstet er mich.

»Werklich?«

»Jo, sonscht würd ich dir ne nett genn.«

»Der riecht komisch.«

»Das iss e Rucksackpullover. Unn nett von de Stang beim Lagerfeld. Kannscht ne jo wedder zerück genn, wenner dich steert unn ne nett hann willscht.«

»Iss schunn okay. Besser als nix.«

»Do bin ich jo beruhischt. Ich hätt heit Naacht nett schlofe könne.«

»Trotzdem riechter komisch«, merke ich noch an, gemäß meinem Grundsatz, stets das letzte Wort zu haben.

»Rindvieh«, folgt die prompte Antwort. Devot verkneife ich mir eine Widerrede, weil ich den Pullover brauche.

Was mir immer wieder positiv auffällt:

Wir Pilger, wenn wir denn schon welche sind, achten doch sehr aufeinander.

Bernd und ich helfen uns gegenseitig dabei, die Rucksäcke überzuziehen. Wir kontrollieren sie dann, schauen fürsorglich nach, ob die Hüte, sofern wir sie nicht auf dem Kopf tragen, noch ordentlich befestigt sind, um uns gegen ihren Verlust abzusichern, was einer starken körperlichen Beeinträchtigung wegen der nachhaltigen Sonnenintensivität gleich käme, wir reichen uns außerdem die Wasserflaschen während der Etappen.

Heute Morgen verspüre ich wieder dieses flaue Gefühl im Magen. Wir frühstücken, was wir gestern eingekauft haben: Fluites mit Schinken, dazu eine Cola.

Es kommt mir vor wie eine Henkersmahlzeit.

Die Angst vor dem Weg. Die Zeit spielt keine Rolle. Nur die Ankunft. Nicht einmal wo und wie. Wichtig ist, dass man ankommt. Es gibt keine Alternative. Man kann nicht zwischen den Etappen irgendwo zurückbleiben. Niemand trägt einen. Man muss viele Entbehrungen während des Marsches ertragen. Ständig läuft man mit einem Hungergefühl.

Wir befinden uns wieder auf einer Pilgerautobahn. Im Moment fährt ein sehr schmaler Traktor an uns vorüber.

»Der iss vemutlich so schmal, um zwische de Rebstöcke entlang se fahre«, bemerkt Bernd.

»Nee, das iss e sogenannter Pilschertraktor. Der hehscht so, weil er an de Flut von denne viele Pilscher vorbeifahre muss«, wende ich spaßeshalber ein.

Der Berliner, der inzwischen unsere Sprache leidlich versteht, lacht laut auf, und Bernd stimmt in den Chorgesang mit ein.

Wir führen jetzt viele Gespräche. Man ist sich vertraut. Auch mit dem Berliner kommen wir gut klar.

Wir laufen und laufen. Immer geradeaus. Enorme Sicht. Viele Pilger vor uns. Stimmt bedrückend. Denn sie sind nur noch

Striche in der Landschaft, ein kleiner Wurm, der sich fortbewegt. Sie flimmern in der Silhouette der Entfernung. Da müssen wir hin.

Beim Abmarsch war ich heute ziemlich kaputt, müde, leer, träge. Zum ersten Mal auf dieser Pilgerreise bin ich erst nach 23:00 Uhr ins Bett gekommen.

Bernd und ich waren in einer Bar, besprachen seine Probleme.

Ziemlich angekratzt zurückgekehrt. Was sage ich da, in die Doppelgarage zwangsrekrutiert mangels komfortablem Bettenangebot sonstwo.

Winfried lag wach, weil er sich Sorgen machte. Außerdem blieb ihm keine andere Wahl, er musste die Tür öffnen.

Wir werden uns morgen vermutlich von ihm trennen. Er hat insgesamt sechs Wochen zur Verfügung. Der Zeitrahmen passt nicht.

Wir wollen dann von unserem heutigen Etappenziel die ca. 60 Kilometer bis nach Burgos mit dem Bus zurücklegen.

Wir laufen flach, und immer wieder leicht bergauf und bergab. Nichts ist in Sicht als die endlose Weite des Weges. Ein starker Wind belästigt uns jetzt. Ich lege den Rucksack ab, ziehe die Regenjacke an, streife den Rucksack wieder über. Bernds Pullover habe ich ohnehin die ganze Zeit getragen.

Die nächste Anhöhe.

Santo Domingo de la Calzada liegt vor uns. Endlich. Bald sind wir da.

Aber Pustekuchen.

Dieses berühmt-berüchtigte Santo Domingo de la Calzada kommt einfach nicht näher. Was machen wir nur falsch? Peitscht der starke Gegenwind uns in die verkehrte Richtung? Laufen wir rückwärts statt vorwärts? Irgendetwas kann doch hier nicht stimmen.

»Das Scheiß Kaff kommt iwwerhaupt nett näher«, beschwert sich Bernd.

»Do mennt mer grad das würd vor uns abhaue.«

Endloser Weg nach Santa Domingo de la Calzada

»Mir sollte veleicht de Rückwärtsgang eraushole, unn de Turbovorwärtsgang innlehe.«

Bernd und ich möchten lieber gleich in den fünften Gang schalten. Aber der Berliner spielt nicht mit. Sein Knie zwickt. Warten ist angesagt.

Wieder langsamer gehen. Abbremsen. Auch wenn wir nie ankommen.

Wir laufen fast zwei Stunden auf Santo Domingo zu. Keiner ist wirklich glücklich dabei. Es ist schwer zu ertragen, das Dorf so lange am Horizont zu sehen, und einfach nicht näher zu kommen. Ein seltsames Phänomen.

Man wird richtiggehend kribbelig dabei.

Schließlich kommen wir doch an.

Wir befinden uns jetzt in Kastilien, offiziell in der autonomen Republik Castilla y Leon.

»Ich hann schunn gemennt, Santo Domingo iss e Fata Morgana.«

»So isses mich a vorkomm.«

»War fascht am Durchdrehe«, halte ich die Konversation aufrecht.

»Kenn Wunner. Do laafsch de unn laafscht. Unn was passiert? Das Kaff haut knallhart vor deine Aue ab.«

»Als wenns Angscht vor uns hätt, lasst sich das ehnfach Hasefüß wachse. So was hann ich noch nett erlebt.«

»Wo mir doch so brave Pilscher sinn unn kenner Fliege was se Leed duhn.«

»Das Kaff hammer ewisch gesiehn. Ich hann gemennt, ich trehme.«

»Unn ich hann gemennt mir stehn«, fügt Bernd tapfer hinzu.

»Obwohl mir gelaaf sinn«, beeile ich mich brav naiv nachzuschieben.

»Gutt dass de mich dran erinnert hascht. Ich hätts glatt vegess.«

In der Herberge, es handelt sich um ein Zisterzienser-Kloster, ist nur noch ein Platz frei. Halb so schlimm. Also Abschied von dem Berliner schon heute. Kurz und schmerzlos. Händeschütteln. Sei auf der Hut lieber Pilger, komm bei dir an oder überall dort, wo du gerne ankommen möchtest. Alles Gute. Bon Camino.

27. Mai 2007 15:30 Uhr.

In einer Apotheke Halstabletten gekauft, anschließend mit Zuhause telefoniert.

Wir wollen mit dem Bus bis nach Burgos. Er fährt erst um 18:00 Uhr.

Wir sitzen eine Zeitlang in einer stark frequentierten Bar. Ziemliches Gekreische um uns herum. Alle Tische besetzt. Nur Männer. Sie spielen Karten, lärmen wie auf einem Rummelplatz.

»Ich glab die Alde do sinn von morjens bis owends in de Bar«, bemerkt Bernd.
»Unn beim Kartespiele guckese noch Fernseh.«
»Unn lese debei.«
»Unn telefoniere mit dehemm.«
»Unn erledische ihr Bankgeschäfte.«
»Unn esse so ganz nehwebei.«
»Unn fluppe unn labere.«
»Unn kenner heert im annere zu.«
»Unn jeder wes alles besser.«
»Unn die meischde schreie noch lauder.«
»Die sinn ganz in ihrm Element do.«

In allen Bars, die wir inzwischen besucht haben, fällt es mir immer wieder auf: Die Spanier sind sehr temperamentvoll, gestenreich und laut, sie schnattern darauf los, ohne richtig zuzuhören. Aber sie sind meistens freundlich und immer hilfsbereit.

Ständig laufen die Fernseher, Kinder spielen arglos zwischen den Alten. In einer Bar beobachtete ich einen Jungen, der über eine Stunde Fußball kickte, und sogar den Ball auf den Tresen schoss. Niemand regt sich darüber auf. Außer Pilger wie wir.

Heute blieb es den ganzen Tag trocken. Aber es war kalt und stürmisch.

Ich trage Bernds Pullover. Ich sitze immer noch in der Bar bei diesen Notizen, während er telefoniert. Bin müde und leer.

Der Bus kommt tatsächlich pünktlich, fährt aber fast eine halbe Stunde später ab, weil der Busfahrer noch die Bar aufsucht, aus der wir gerade kommen. Aber niemand regt sich auf, alle nehmen es kommentarlos hin. So ist das eben in Spanien.

»Hoffentlich trinkter nett soviel Cerveza wie mir«, höre ich Bernd orakeln.

Wir benötigen über eine Stunde bis nach Burgos. Dann lange Suche nach einer Herberge. Endlich gefunden. Wir werden abgewiesen, da besetzt.

»Das kann doch jetzt nett wohr sinn«, beschwert sich Bernd.
»Isses awer.«

»Ich brauch jetzt kenn Bestätigung deiner Weisheht. Hanns sellwerr geheert.«

»Wollschs awer nett wohr hann.«

»Das scheint dir jo se gefalle, dass mer de Rescht vom Da rumstolpere unn uns was suche müsse zum Iwwernachte.«

»Ich kanns jo nett ännere. Soll ich de Kopp jetzt in de Sand stecke wie e kleenes Kind, das noh seiner Mama schreit unn mich drin vegrawe?«

»Wär nett schlecht wann ich dei Anblick mol e Zeitlang nett ertrahn müsst.«

»Du würdsch doch ohne dei Wannerführer gar nett klar komme.«

»Ohne mei großer Wannerführer. Soviel Zeit muss sinn«, gibt sich Bernd brav einsichtig.

»Du bischt durchaus lernfähisch«, lobe ich ihn, was ja auch einmal vorkommen kann.

»Danke. Awer du hascht jo Recht«, zeigt er sich in Gönnerlaune, »ab jetzt zähle nur noch Durchhalteparole.«

»Mir werre schunn was finne«, tröste ich ihn.

»Dei Wort in Gottes Ohrläppche.«

Wir laufen bei strömendem Regen durch halb Burgos, werden klatschnass.

Es ist schon fast 21:00 Uhr, als wir endlich ein Hotel finden. Es kostet 25 Euro pro Mann und Nase. Uns jetzt aber gleichgültig. Hauptsache untergekommen.

In einer Bar trinken wir später ein Cerveza für 4,50 Euro.

Pilgernepp!

Heute übrigens mein Hochzeitstag. Ich kann mich noch gut erinnern.

Der 27. Mai 1978. Ein heißer Tag. Ein wunderschöner Tag. Eine schöne, feierliche Messe. Der Kirchenchor singt. Meine hübsche, sympathisch und glücklich lächelnde Frau. Ich habe sie nicht immer im Laufe meiner Ehe *so* lächeln gesehen. Eigentlich schade. Ich wünschte im Nachhinein, ich hätte viel öfters auf sie gehört. Sie ist die allerbeste Lebensbegleiterin und Ratgeberin, die ich mir vorstellen kann. Eine realistische, liebenswerte, intelligente, aufmerksame Frau. Sie hatte es nie leicht mit mir. Ich bin ein schwieriger, zwar sensibler, aber komplizierter, oftmals allzu impulsiver, schnell verbal aus der Hüfte schießender Mensch.

In der Öffentlichkeit werde ich oft falsch eingeschätzt. Das liegt zu einem großen Teil auch an mir selbst. Weil ich mich nicht immer so gebe wie ich tatsächlich bin, allzu bereitwillig den Entertainer spiele, um andere zu unterhalten, ihnen zu gefallen, wie ich selbstkritisch eingestehen muss.

Meine Frau kennt mich. Jede einzelne Facette an mir. Sie liebt nicht alle davon.

Ich habe ihr einmal geschrieben:

Ich sage nicht, du bist meine Frau, weil du ja nicht mein bist.

Aber ich würde gerne dein Mann sein, wenn du das wünschst.

Genauso meine ich es auch. Es trifft den Punkt. Obwohl ich es manchmal vergesse.

28. Mai 2007
9. Etappe Burgos – Hontanas
32 km

Gegen 07:30 Uhr schon auf, da Pilgerwettrennen um die Betten, und es in Hontanas als einzige Alternative zu den beiden Herbergen nur eine Privatpension gibt. Wir wurden insgesamt schon zweimal abgewiesen. Deshalb ist Vorsicht geboten.

Nehme Antibiotika. Meine Stimmbänder sind wieder entzündet oder sind es noch immer. Ich weiß es nicht. Fühle mich insgesamt schlecht. Flaues Gefühl im Magen. Schwache Konstitution. Die Sonne scheint, aber es ist kühl. Trage Pulli mit Jacke darüber. Endlose Weite, diese Meseta. Die Erde ist doch eine Scheibe. Bin nicht nur körperlich schlecht drauf.

In Gedanken dichte ich auf diesem endlosen »Schmerzweg«:

Schmerz ich liebe dich
du bist meine zweite Haut
mein ureigenstes Ich

Wenn du nicht bist
bin ich allein
wie kann ich dann ich selber sein?

Zwei Männer auf Rädern fahren vorbei.

»Denne do hole mer jetzt es Rad ab. Mir stinkts«, bemerkt Bernd.

»Do hasch de Recht. Wenn de näkschde vorbeikommt, duhn mer demm ehnfach de Stock in die Speiche stecke.«

»Unn dann ab off de Saddel. Ruckzuck simmer in Santiago.«

»Unn was passiert mit de arme Radfahrer?«, mache ich mir ein wenig Sorgen um die Zurückgebliebenen.

»Für die duhn mer in de Kathedrale bete, dasse sellwerr off die Idee komme, Räder se klaue.«

»Iss das nett e Sakrileg?«, frage ich Bedenken anbetend.

»Nee, Gottesläschterung.«

»Das iss doch es sellwe.«

»Woher soll ich dann das wisse?«, entgegnet Bernd verschmitzt, wohl wissend, dass nur wir beide zu solchen grotesken Gedankenexkursionen fähig sind.

»Do lasse mer se liewer fahre«, beruhige ich mein Gewissen.

»Do müsse mer jo wedder laafe, was mir uns grad erspare wollte.«

»Kennsch de das Lied: Ein Loch ist im Eimer, Karl Ludwig, Karl Ludwig…«

»Karl-Otto, Karl-Otto«, verbessert er mich.

»Sei doch nett so kleenlich.«

»Wenn schon denn schon. Awer der Innwand mit dem Lied passt. Genau so war das ehwe«, bestätigt er meine Vermutung.

Wir grinsen ungläubig, schütteln die Köpfe. Diese Konversation ist einfach zu ulkig gewesen. Irgendwie sind wir am Ende, wo wir am Anfang waren. Und genau darum geht es in diesem Blödelsong.

Bernd macht während der gesamten Etappen Fotos. Er hat den Blick dafür. Das war auch vorher so abgemacht. Er Fotos, ich Tagebuch.

Wir gehen zusammen oder jeder für sich.

War jetzt ein ganzes Stück allein unterwegs. Viele Gedanken beschäftigen mich. Irgendwo lese ich irgendwann, von einem Pilger auf einen Stein gekritzelt: *Todessehnsucht.*

Diese Weite.

Sie hört nie auf. Geradeaus 10 bis 15 Kilometer, und links wie rechts endlose grüne Felder, so weit das Auge reicht. Kein Baum. Kein einziger Baum.

Bernd läuft wieder neben mir.

»Am näkschde Bahm erhäng ich mich«, bemerkt er sinnig, wohl

wissend dass er noch viele endlose Kilometer keinen zu sehen bekommt.

Viele große Steine, zu einem Haufen aufgewürfelt, sehen wir oft am Wegesrand.

»Am beschde duhn mer uns gejeseitisch erschlahn nach dem Motto: *Pilger erschlägt Pilger«*, werfe ich ein.

Wir prusten los vor Vergnügen, sind wie Kinder, die mit ihrem Lieblingsspielzeug spielen. Lachen uns schief, schreien, machen Faxen. Lachen lenkt ab, Lachen heilt, vertreibt die stumpfen Gedanken, schont die Sinne, stärkt die Nerven, das Durchhaltevermögen.

Es ist schon beängstigend. Immer diese Weite, der starke Wind, unsere Hüte fliegen mehrmals weg, wir rennen ihnen hinterher.

Der Rucksack piesackt noch immer. Ich habe ihn zwar seit vier Etappen richtig eingestellt, besser gesagt ein Paderborner Student, aber der Schmerz ist nicht zu bezwingen.

Mach dir nichts daraus, geh weiter, immer weiter, links alles grün, sehr weiter Horizont, rechts alles grün, sehr weiter Horizont, dazwischen der Weg, der nie aufhört, der endlos zu sehen ist, fast bis in die Unendlichkeit kerzengerade, kein Vieh, kein Traktor, kein Auto, kein Lärm, nur Weite, Radfahrer und Pilger.

Sonst nichts.

Und Vogelgeräusche, das einzige, was mit der Heimat so richtig verbindet.

Und Bernd. Den ich jetzt aber wieder verlasse. Ich muss allein sein.

Noch fast 20 Kilometer. Man denkt, man kommt nicht voran. Man bildet sich ein, man kommt nicht an. Man würde stehen bleiben. Man sieht den Weg, geht ihn entlang, erreicht eine Anhöhe, und das Selbe wiederholt sich im Dreivierteltakt, als hätte man von all dem Kopien angefertigt.

Für das Gemüt öde und schwierig.

Und diese Steinwege. Harte Steinwege. Abschüssige Steinwege.

Der »Schmerzweg« nach Hontanas

Dann erneut Steigungen. Mehrfachwiederholungen mit nahezu gleichen Eindrücken.

Langsam werde ich aggressiv. Dieses weite Land, dieses dunkle, massive, fast bedrohliche weite Grün, dieser nie enden wollende, wie an der Schnur gezogene Weg. Der starke Wind.

Fühle mich wie getrieben. Habe kaum Zeit, mir die Landschaft anzusehen. Muss mich auf den schwierigen Weg konzentrieren. Ein Fehler, ein Umknicken, eine Verstauchung, und man hat eine Leidenszeit vor sich.

Ankunft in irgendeinem Kaff. Abwechslung pur. Neue Eindrücke tun so gut. Abseits von dieser Monotonie. Mal Häuser. Wenn auch grau in grau, und abgerissen, nur noch Ruinen, zum Teil erst halb fertig. Aber schön. Ein anderer Blick. Ein anderer Anblick. Eine andere Blickrichtung. Flexibilität.

Ich vertrete mich an einer Bordsteinkante. Habe nicht aufgepasst. Meine Schuld. Der Knöchel schmerzt. Füße schmerzen sowieso.

Auch Bernd hat sichtlich Probleme. Er stolpert mit hängendem Kopf hinter mir her. Mindestens 50 Meter, wie ich schätze. Ich beginne zu humpeln wegen des Knöchels, zu eiern wegen meiner Blasenfüße. Ich kann nicht mehr. Will nicht mehr. Bin ausgebrannt und leer. Will endlich verdammt noch mal nur noch ankommen, und wenn es im schlimmsten Mauseloch wäre.

Ich setze mich an den Wegrand, trinke. Bernd gesellt sich dazu. Hat aber kein Sitzleder. Muss aufstehen, weiter laufen. Ich verharre noch eine Weile. Möchte nicht mehr. Nur noch liegen bleiben, mich nie wieder erheben, Ruhe genießen, Gras riechen, Schweiß tropfen lassen, blessierten Knöchel schonen.

Aber noch 15 Kilometer. Trotz Laufaversion aufgestanden, weitergelaufen.

Die ersten Schritte bis zur Wiedereingewöhnungsphase sind schrecklich. Ich leide, weine leise vor mich hin. Gewollt, gesucht, gefunden. Aber warum leise? Niemand hört mich. Ich weine laut, ganz laut, ganz lang, ohne zu denken, nur fühlen und empfinden, und schwach sein, und ein Jammerlappen sein, und ein Weichei, und allein.

Fast wäre es ein schönes Gefühl, wenn ich glücklich dabei wäre.

Noch zehn Kilometer. Wie lange bin ich seither gelaufen? Ich habe kein Zeitgefühl mehr. Keine Ahnung wie viel Uhr es ist. Der Akku meines Handys ist defekt. Das blöde Ding funktioniert nur mit Stecker.

Bernd ist weiter vor mir. Und ich laufe wie der Teufel jetzt. Nein, ich eiere wie der Teufel. Jeder ausladende schnelle Schritt ist ein Schritt in die Nähe irgendeines wenn auch noch so uneinladenden Bettes in einer Herberge. Jeder weit ausladende Schritt bedeutet in der Endabrechnung auch ein paar qualvolle Bodenberührungen weniger.

Ich weine nicht mehr. Bin ein Mann. Keine Memme. Nein, ich bin ein Mann, der weinen kann. Ein Mann, der weinen musste. Ja, es musste einmal sein. Außerdem hat mich niemand vorgewarnt. Es ist einfach so über mich gekommen, über mir zusammengebrochen. Hatte sich angestaut. Ich dachte an zu Hause, an meine Familie, die ich sehr vermisse, an meine momentan gefühlte Einsamkeit. Ich brauche meine Familie, bin ein Torso ohne sie, kann nur mit ihr glücklich sein. Seltsame Reflektionen. Aber man bemerkt oft erst in der Ferne wie nahe einem doch diese Menschen sind. Nehme mir vor, mich in der Zukunft mehr um sie zu bemühen. Mich intensiver mit ihnen auseinander zu setzen, mit ihren Ängsten, Hoffnungen, Wünschen, Sehnsüchten, Anliegen. Aber das ist nur ein guter Vorsatz und die Ausführung etwas ganz anderes. Jetzt bin ich mit mir allein und kann diese Gedanken spinnen. Ich habe mir schon manches vorgenommen im Laufe meines Lebens, und viel zu viele Vorsätze nicht gehalten. Trugschlüsse bringen mich nicht weiter.

Das Weinen war mir eine Hilfe, ordnete meine Gedanken. Meiner Seele geht es besser, wenn auch nicht meinen Füßen.

Ich überhole Bernd. Wir reden nicht. Er lässt mich ziehen ohne ein Wort. Es gibt nichts zu sagen in dieser Einöde von Landschaft. Man kommt sich fast so abgeschnitten vor wie in der Wüste.

Noch sechs Kilometer. Immer nur dieses weite Land. Stets dieselbe Landschaft. Keine Gegend zum Leben. Auch keine zum Sterben. Vor allem keine Gegend zum Laufen.

Den Rucksack spüre ich nicht mehr. Nur noch das Klopfen an den Fußsohlen. Stetig penetrant. Dieser Schmerz übertüncht alles.

Noch drei, dann zwei, jetzt ein Kilometer, noch wenige Schritte, ich erreiche das Ortsschild *Hontanas 0,5 km.*

Ich warte auf Bernd, um mit ihm in einem Triumphzug in Hontanas, der schönsten Gemeinde des Abendlandes, einzuziehen.

»Wo issen das Kaff?«, fragt mich Bernd, als er mich erreicht. Sein Gesicht ist ganz rot. Sein Hemd, seine Hose nass vom Schweiß der Anstrengung.

Ich schaue ihn frustriert an. Stimmt ja, die schönste Gemeinde des Abendlandes ist gar nicht zu sehen.

»Kenn Ahnung.«

»Du Rindvieh, was gibt's dann se klotze?«

»Das kann doch nett sinn. Do war doch ehwe es Ortsschild.«

»Mennsch de es Kaffschild? Die hann uns vearscht. Die wolle uns fertisch mache.«

Bernd redet sich in Rage.

»Die menne, mit de Saarlänner könne se das mache. Vestehsch de mich?«, fügt er aufgebracht hinzu.

»Ach, schwättz doch kenn Blech. Das Kaff muss irgendwo sinn. Ganz in de Näh. Veleicht siehn mer nix meh weje lauter Meseta.«

»Häschd dei Brill mitnemme solle. Do würsch de das Kaff nämlich a nett siehn. Unn wehsch de a warum?«

»Laber nett sinnlos in de Gehschend rum.«

»Weils nämlich nett do iss, du Neinmolkluger. Geht das in dei Hirn eninn, falls enns vorhann iss. Das Kaff gibt's nett. Basta.«

»Du sabbelscht Müll.«

»Für denne bischt du zustännisch, Müllie.«

In meiner Euphorie hatte ich nichts mehr wahrgenommen, außer die Kilometerangabe 0,5 km. Ich dachte, ich stehe direkt vor der schönsten Gemeinde des Abendlandes.

Ist mir eine Fata Morgana gerade über den Weg gelaufen? Hallo Pilger, nimm es bitte nicht allzu persönlich, aber das Ortsschild war nur eine bloße Täuschung der Sinne. *Hontanas* gibt es gar nicht. Eine freie Erfindung des Reiseführers. Er will dir damit eine Prüfung auferlegen. Finde dich damit ab, füge dich in dein Schicksal werdender Pilger, und murre nicht.

Aber irgendwie will das nicht funktionieren. Ich finde mich nämlich nicht damit ab. Ganz und gar nicht. Ich fluche jetzt leise vor mich hin, schließlich laut und kreischend, und laufe beklemmt weiter. Bernd trottet neben mir her.

»Duht was weh?«, fragt er mich. Er möchte mich nun ärgern, um seinem eigenen Ärger irgendwie Luft zu verschaffen. Verständlich.

»Nee, nix duht weh.«

Ich gebe ihm keine Genugtuung, werde so lange alles abstreiten, bis der Richter vor lauter Empörung tot vom Richterstuhl fällt. Bernd grinst sich einen ab. Dieses typische Grinsen. Dies

kriegt nur er so geregelt. Es geht bis ins Mark hinein, und sogar hindurch.
»Werklich?«
»Jo, du Aff. Nix. Gar nix. Bin topfit, könnt noch 50 Kilometer gehn.«
»Do hammer jo Glück gehat, dasses das Kaff nett gibt. Ich kann nämlich a noch laafe. Meine Füß geht's gutt.«
»Wers glabt werrd seelisch«, entgegne ich bissig.
»Gehn mer ehwe zum näkschde Kaff, dasses a nett gibt.«
»Odder mir schlofe im Freie.«
»Do würdsch doch du in die Hos mache.«
»Awer noh dir.«
Wir schenken uns nichts und trotten und trotten.
Bestimmt schon länger als die verdammten 500 Meter. Plötzlich vor uns ein Loch im Boden, nein, eigentlich nur steil unter uns: *Hontanas.*
Wir schauen auf die schönste Gemeinde des Abendlandes hinab. Sie liegt in einer Talsenke, und ist bis 50 Meter davor nicht zu sehen.
Ich weiß im Nachhinein nach einigem Nachdenken nun auch warum: Um den Pilger für sich zu vereinnahmen, ihn für den Rest seines bedeutungsvollen Lebens ein für allemal zu gewinnen, damit er die schönste aller Gemeinden jetzt wie auch in Zukunft in einem positiven Licht sieht.
Jedenfalls ist eines ganz sicher: Ich werde Hontanas tatsächlich nur in guter Erinnerung behalten. Denn als es mir dreckig ging, zeigte sich diese schöne Gemeinde plötzlich, wie auf Knopfdruck, vor meinen feuchten Augen, und machte mich zum glücklichsten Pilger des Camino.
Es geht nun etliche Meter steil bergab auf einem steinigen Weg.
Rutschgefahr.
Äußerste Vorsicht ist geboten. Das wäre geschafft.
Bei der Ankunft fühle ich mich ausgepowert, kaputt, kaum noch Gefühl in den Füßen.
»Das do iss awer a Zeit wor.«

»Ich hann gar nimmeh dran geglabt«, erwidert Bernd.
»Das geht jo noch. Ich laaf die ganz Zeit schunn off Reserve.«
»Ich a. Do müsse mer noher unsere Reservetanks mächtisch offfülle.«
Recht hat er. Ein kühles Bier wirkt manchmal Wunder. Aber...
»Nett dass mer schunn vorm Pilschermenü voll sinn«, bemerke ich nachdenklich.
»Unn? Do würdsch de denne Fraß besser runnerkrien, weil dei Geschmacksnerve gelähmt sinn.«
»Heer off. Do würd ich e doppelte Portion bestelle, unn am näkschde Da hätt ich mei Huddel.«
»Unn ich de Huddel mit deim Huddel. Ennie Portion reicht. Hascht Recht. Trinke mer ehwe e Bierche wennischer.«
Überall Pilger vor der Herberge. Ein Pilgerpulk. Pilger, die schon sitzen, trinken, sich sonnen, ihre Füße pflegen, ihre Schmerzen und Ängste.

Endlich in Hontanas

Pilger, die schon Quartier bezogen, Wäsche gewaschen haben, geduscht sind, kurzum die Fünf-Uhr-Morgens-Pilger.

Die erste Herberge weist uns ab. Wir gehen mürrisch in die nächste, nur wenige Meter entfernt. Sie sieht von innen nicht einmal so schlecht aus wie von außen befürchtet. Aber auch die ist voll.

Eine Frau in den mittleren Jahren sagt knallhart: *completto, completto.*

»Ich laaf kenn Meder mehr«, beschwere ich mich bei Bernd.

»Ich a nett. Eher mach ich die Alt kalt.«

Trotz Frust und Schmerzen noch Zeit für etwas Galgenhumor.

Gut so, Pilger oder werdender Pilger.

Anscheinend versteht die Alte, dass es für sie um alles oder nichts geht. Denn sie schaut uns erschrocken an. Wir sehen aber auch einigermaßen wild aus: Hüte auf dem Kopf, schweißgebadet, rote erschöpfte Gesichter, unsere Strümpfe, Unterhemden und Handtücher haben wir zum Trocknen am Rucksack festgebunden, außerdem tragen wir unsere gefährlichen Sonnenbrillen auf unseren verschnupften Nasen, mit denen wir in der Tat mit etwas Fantasie manchen Mafiabossen ähnlich sehen.

Plötzlich winkt sie. Mitkommen. Marsch. Marsch.

Rucksackschnalle am Bauch wieder schließen, die ich bei der Ankunft geöffnet habe. Dabei Luft ein- und langsam wieder ausatmen. Der Gurt sitzt jetzt stramm auf den Hüften, noch strammer am Bauch, einen Augenblick bekommt man keine Luft, dann gewöhnt man sich daran. Das Gewicht des Rucksacks soll nämlich bis zu 70 % von den Hüftknochen gehalten oder getragen respektive abgefedert werden.

Ein paar Meter laufen wir. Dann Ankunft in einem wüsten Dreckloch.

Ganz egal.

Die Treppe hinauf, ein dunkles Zimmer, acht Betten, auf das erste links neben einer grauen, untapezierten Wand werfe ich meinen Rucksack, mich gleich mit dazu.

Füße ausstrecken, Heinzelmännchen hopsen darüber, machen sich einen Spaß daraus, mich zu pieksen, regelrecht zu piesacken, aber scheißegal, Teppich über mich, ganz gleich wie dreckig,

Hauptsache warm, Hauptsache schlafen, und wenn die Welt jetzt untergeht.

»Was issen? Ab zum Dusche.«

Typisch Bernd. Wieder dieses Grinsen.

Dieses herausfordernde, pilgerundemutsvolle Grinsen. Eine Provokation pur. Der angesagte Krieg. Und der von mir angenommene.

»Hall de Rabert. Ich will jetzt schlofe.«

»Du bischt doch ganz vebappt.«

»Do pass ich jo zu demm Bett.«

»Mennsch Müllie, jetzt reiß dich sesamme. Sei ehnmol e Mann.«

»Klapp halle, hinleje, ruhisch sinn, nett schnarche unn noch emol de Kauapparat halle, wenn de sinnlos in de Gehschend rum sabbelschd.«

»Scheen hasch de das gesaht.«

Dann nichts mehr mitbekommen.

Später geduscht, obwohl die Dusche aussah wie sie aussah, auf die Toilette gegangen, obwohl sie aussah wie sie aussah, Füße eingerieben, versorgt, weil sie aussahen wie sie aussahen, Tablette geschluckt, Wäsche gewaschen, aufgehängt, Stempel geholt, Pilgermenü gegessen, ganz gleich wie es schmeckte, mit Pilgern geredet, ganz gleich was sie redeten, ins Bett gegangen, ganz gleich wie es duftete, eingeschlafen, obwohl ich mir in diesem Augenblick wünschte, nicht wieder zu erwachen.

29. Mai 2007

10. Etappe Hontanas – Boadilia del Camino

31 km

Jeden Morgen das gleiche Procedere: Aufstehen, Zähne putzen, waschen oder duschen, je nachdem wie die Dusche aussieht. Tabletten schlucken, Füße einreiben, Blasenpflaster anbringen, anziehen, Schuhe mehrmals schnüren, weil einmal zu fest, und einmal zu locker, Rucksack packen, man sucht einen Gegenstand, wieder auspacken, erneut suchen, wühlen, finden, wieder einpacken. Ich rolle inzwischen meine Sachen zusammen. So habe ich mehr Stauraum.

Flaues Gefühl im Magen vor dem Abmarsch.

Aber kein Henkersfrühstück dieses Mal. Es gibt nichts zu frühstücken. Mit leerem Magen los gelaufen. Fuß verstaucht. Starke Schwellung. Müsste meine Wunden lecken. Kann aber nicht. Muss weiter.

Nächstes Etappenziel 30 Kilometer entfernt. Da hilft kein Wehklagen, kein Jammern. Ja, du hast Recht, Lucie, ein Jammerlappen hält das nicht aus. Hoffentlich komme ich in Santiago an. Sorgen diesbezüglich. Ich nehme mich zusammen. Kopf hoch, alter Knabe. Du schaffst das.

Das Streckenprofil heute ist nicht sehr schwierig. Aber es ist trocken und heiß. Deshalb schwer zum Gehen. Immer mit Hut. Bei der vorletzten Etappe hatte ich mir die Kopfhaut verbrannt, die Nase, die Stirn. Hatte die Sonne nicht gespürt, da der Wind zu heftig war. Jetzt bin ich vorsichtig.

Ich habe beschlossen, nicht mehr ohne Hut zu laufen. Außerdem steht mir der Stetson, die Sonnenbrille, der Bart, Mann, ich sehe klasse aus. Habe mein Selbstvertrauen nicht verloren. Wieso auch? Sage das Bernd. Er nickt.

»Du bischt de Schennschte. Kenn Frage«, bestätigt er mich.

»Unn du bischt dezu noch intelligent«, lobe ich auch ihn, um noch mehr Lob zu erfahren.

»Du a. Unn e absoluter Frauetyp.«

»Außerdem hasch de noch e Haufe Charme.«

»Du nett wennischer. Unn e unheimlich wahnsinnisches Charisma dezu.«

»Mir sinn die Beschde.«

»Männer, die durchhalle.«

»Das simmer.«

»Die Allerbeschde.«

»Unn die Härtschte.«

»Unn die Coolschte.«

»Unn die Sensibelschte.«

»Unn die Potenteschte.«

»Das simmer.«

Wir klatschen uns ab. Aufmunterung muss einmal sein. Wir brauchen das jetzt. Saugen sie ein wie frische Luft. Die Kerle in uns müssen ihre Freiheit spüren. Adrenalin pur. Selbstbewusst zeigen wir wer wir sind: Zwei Saarländer auf dem Jakobsweg.

Nach einer schweigenden, homogenen Stunde: »Sa mir mol wos iwwerall weh duht.«

Bernd möchte mich jetzt provozieren, aus der Reserve locken. Lange genug geschwiegen. Harmonie gehabt. Zuviel Gleichklang. Der Rhythmus der Schritte. Die Symbiose der Komplimente. Das nervt irgendwann.

»Nirgends.«

Wir sind ja noch nicht so lange unterwegs, denke ich.

»Komm. Sahs schunn. Do hammers für heit hinner uns.«

»Nix duht weh. A wenn dir dass jetzt weh duht.«

»Komm. Bringe mers hinner uns.«

»Du mich a, du Nüssje«, tituliere ich ihn.

Übrigens seine Erfindung. *Nüssje* ist die Steigerung von Weichei, von saarländischem Weichei auch noch, also keine besondere Liebkosung. *Nüssje* ist in unserer Begriffs- und Pilgerwelt sozusagen die Höchststrafe. *Nüssje* ist jemand, der nur große

Worte schwingt, und bei dem nichts, aber auch gar nichts dahinter steckt. *Nüssje* ist nicht mehr als eine Platzpatrone, jemand der nichts, aber auch gar nichts auf die Reihe kriegt, und dies nicht einmal selbst bemerkt. *Nüssje* ist jemand, der fern jeder Realität lebt, und sich für den Größten hält, ganz gleich was andere von ihm halten, wenn sie überhaupt etwas von ihm halten. *Nüssje* ist jemand, der andere gerne veralbert, aber nicht das Potenzial dazu hat, und bei dem der Schuss stets nach hinten losgeht. *Nüssje* ist ein geistiger Schwachstecker. Eine Niete durch und durch. *Nüssje* ist jemand, der anderen eine Falle stellt, und selbst hinein fällt. Also ein absoluter Versager.

»Nüssje kannsch de zu mir nett sahn«, beschwert er sich.

»Ich hanns awer gesaht.«

»Das duht jetzt richtisch weh.«

»Dann musses emol weh duhn.«

»Das duht jetzt werklich weh.«

»Okay, dann nemm ichs zerück.«

Wir marschieren weiter. Es hat ja keinen Sinn, stehen zu bleiben und dumm daher zu reden, nur dass man mal darüber gesprochen hat, man muss weiter laufen, immer weiter, um irgendwo irgendwann anzukommen.

Aber heute sind wir zum Labern aufgelegt. Wir scherzen, wir lachen, tun so, als ob wir die glücklichsten Pilger des Camino wären. Wir blödeln herum. Nichts Ernst zu nehmendes. Meine Schmerzen halten sich in Grenzen. Schulter geht, Füße brennen nur leicht.

Mitten im Lachen macht Bernd einen Ausfallschritt und schreit: »Olegg, olegg, hann ich mir aweil weh geduhn.«

Mit strahlenden Augen sehe ich ihn an, registriere hoch erfreut in meiner undemutsvollsten, antichristlichsten, niederträchtigsten Art und Weise, dass er stark humpelt. Sein schmerzverzerrtes Gesicht vor meinen glücklichen Augen. Ich bin in guter Hoffnung.

»Was duht dann weh?«, frage ich so zufrieden wie scheinheilig mit sehr viel Nachdruck in der Stimme. Ich bin richtig angekratzt jetzt.

»Es Behn.«

»Es Behn iss lang«, stänkere ich, »na gutt, deins grad nett«, füge ich so sarkastisch wie möglich hinzu. Gefalle mir jetzt im Austeilen. Wenn schon ein Schmerz, dann ein doppelter Schmerz, frei nach dem Motto: *wenn, dann denn.*

»Was sollen das hehsche?«

»Bischt ehwe e Schrumpfgermane.«

»Das finn ich jetzt awer ziemlich gemein.«

»Do kann doch ich nix devor, dass de in deiner Jugend noh unne gewachs bischt statt noh owwe.«

»Besser kleen unn zackisch als groß unn dappisch. E Mück kann enner Kuh ganz gewaltisch zusetze. Denk mol driwwer noh.«

»Vegess dei Redd nett, du Vorschulphilosoph. Awer wo duhts dann jetzt genau weh?«

»De Owwerschenkel. Stechender Schmerz«, wimmert Bernd allzu überzogen. Aber noch bin ich in bester Hoffnung. Ja keine Vorzeichen bemerken, einfach ignorieren. Nichts hineininterpretieren. Dann wird alles gut.

»Werklich?«

Ich kann es nicht fassen. Bernd im Schmerzzustand. Wie nett. Wie schön. Auch ihn hat es jetzt endlich einmal erwischt. *Wenn es ihn erwischt hat.* Ein paar Restzweifel bleiben. Trotzdem zeige ich so smart gewieft wie heuchlerisch beflissen mein mitleidsvollstes Gesicht, da ich im Grunde klammheimlich auf die Bestätigung seines Missgeschicks warte. Er grinst mich an. Nein, das darf jetzt nicht wahr sein. Ich befürchte das Schlimmste. Meine Hoffnung erlischt so plötzlich wie eine Sternschnuppe an der Realität zerschellt.

»Nee, nett werklich.«

»Was sollen das jetzt hehsche?«

Die Angst vor der Gewissheit breitet sich mehr und mehr in mir aus. Fühle mich beengt, in die Enge getrieben, wurde vorgeführt. Das spüre ich instinktiv. Und jetzt weiß ich es auch, noch bevor er den Mund öffnet.

»War nur e Fehlalarm. Ich wollt dich ehnmol glücklich siehn, du Rindvieh.«

Meine Enttäuschung ist durch nichts zu überflügeln. Mir fällt nur ein Wort ein: »Nüssje.«

Schweigend laufe ich weiter. Was soll ich sagen? Ich habe die Schmerzen und er das zugegebenermaßen zweifelhafte Vergnügen, mir zuhören zu müssen, wenn ich mich beklage. Warum immer nur ich, denke ich in mich hinein, ohne für meinen Einkehrversuch eine klärende, befriedigende Antwort zu erwarten oder zu erhalten.

Nach einer Weile kommt ein Rückpilger an uns vorbei, das sind solche, die von Santiago zurücklaufen, aus welchen Gründen auch immer, er bittet uns um etwas Essbares. Er droht zu hyperventilieren. Wir reichen ihm unseren letzten Apfel. Sich tausendmal bedankend geht er weiter seinen Weg in die andere Richtung.

Ein kühler Wind bei wolkenlosem Himmel bläst uns entgegen.

Ganz in der Nähe sichten wir einen Auerhahn. Dann noch einen. Unglaublich. Ein stolzes, majestätisches Tier. Kleine Feldhasen jetzt direkt vor uns. Ein schöner, romantischer Weg. Guter Belag. Schont die Füße.

Schweigend laufen wir unseren Höhenweg. Wenn wir reden, dann nur belangloses Zeug, um uns abzulenken von den vielen Kilometern, die noch vor uns liegen.

Wir denken über nächste Extremtour nach. Sind ja Masochisten.

Bernd sagt: »Laaf doch de Camino ehnfach mol rückwärts noh Santiago.«

»Kenn schlecht Idee. Dann schnall ich mir de Rucksack vorn off die Bruscht.«

Bernd lacht so laut, dass er mich ansteckt. Wir blödeln wie die Affen, zappeln herum, feixen. Pilger, die an uns vorüber laufen, denken bestimmt: *Ach die zwei Saarländer schon wieder.*

Der Weg führt jetzt über einen steilen Kamm. Ansonsten Meseta. Nicht sehr abwechslungsreich. Und immer Wind. Ich laufe den ganzen Tag im Pullover.

Immer weiter, immer geradeaus. Meseta eben.

Seit Stunden quälen wir uns mit Heißhunger durch die Gegend.

»Wehsch de eigentlich, dass heit Dienschda iss«, sagt Bernd plötzlich in den Gleichklang unserer Schritte hinein.

»Nee, iss das jetzt werklich so wichtisch?«

»Heit iss Schnitzelda.«

»Schnitzelda? Wo willsch de dann do e Schnitzel herkrien, du Vielfraß? Lang kenn meh gess.«

»Bei uns in de Kantin.«

»Dir müsst mer jetzt off die Zwölf kloppe. Soll ich die Kantin doher beame odder wie stellsch de dir das vor?«

»Wär nett schlecht.«

»Mir laaft schunn es Wasser im Mund sesamme, wann ich nur an e Schnitzel denke.«

»Ich derrf a nett driwwer nohdenke.«

»Hasch de awer grad gemacht. Häscht besser die Klapp gehall«, kritisiere ich ihn.

»Dehemm iss mir nie offgefall, dass es Kantineesse so gutt iss.«

»Dehemm simmer a nett offem Camino gelaaf.«

»Das hätt ich jetzt nett für möschlich gehall.«

»Deshalb hann ich's jo a gesaht.«

Wir marschieren weiter. Immer weiter.

»Wann kommt dann die vedammt Herbersch endlich?«, beklage ich mich.

»Was?«

»Hasch dus mit de Ohre, Herr tauber Pilscher?«

»War grad abgelenkt mit Nohdenke. Hann nett zugeheert.«

»An was hasch de dann gedenkt unn mit was?«

»Was hasch de grad gefrot?«

»Mit was de gedenkt hascht?«

»Vorher.«

»Lass mich mol nohdenke.«

»Würd ich dir zutraue.«

»Jetzt wes ichs wedder.«

»Was dann?«

»Was ich gefrot hann.«

»Ei was dann? Lass der doch nett alles aus de Nas ziehe. Sonscht bisch de doch a nett off de Mund gefall.«

»Wann die Herbersch kommt?«

Meine Stimme nimmt etwas Fahrt auf wegen dieser leicht gestörten Konversation.

»Die Herbersch?«

»Das iss so e großer Schlofsaal mit viel Schnarcher unn ziemlich dreckische Bette, wo de Kopp an Kopp odder Fuß an Kopp mit de schnarchende Pilscherinne unn Pilscher leischt. Unn wos grässlich schtinkt. Unn de kenn Platz hascht. Unn e Haufe Schuh erum stehn mit vesiffte Schtrümp drin, die a nett viel besser rieche. Schunn vegess?«

»Wie soll ich dann wisse, wie weit die noch entfernt iss. Ich bin doch kenn Hellseher. War ich veleicht schunn emol do?«

Endlich in Boadilia del Camino angekommen. Wir sind zwar erst am Anfang des Dorfes, können aber jetzt schon unschwer erkennen, dass es nicht mehr als ein Kaff ist. Viele alte Häuser, aneinander gebaut, zum Abriss bereit, teils schon eingefallen, alles grau in grau, nicht ein einziges bemerkenswertes Gebäude, und doch hat diese Ansiedlung wie viele spanische Kleindörfer einen ganz bedeutungsvoll klingenden Ortsnamen.

Vor ein paar Stunden sind wir an einem Kaff vorbeigekommen, fällt mir gerade ein, das hatte tatsächlich einen wunderschönen, melodischen Namen, welchen ich aber leider nicht notiert habe, da stand, kaum zu glauben, nur ein einziges Haus, daneben eine Scheune und eine kleine Kapelle. Katzen und Hunde waren zahlreich vorhanden.

In diesem Zusammenhang möchte ich darauf hinweisen, dass das Wörtchen *Kaff* bezüglich einiger kleiner spanischer Dörfer keine Diskriminierung darstellen soll.

Es ist lediglich eine Begrifflichkeit für eine Ansammlung von wenigen Häusern, die offensichtlich seit langem der Vergessenheit anheim gefallen sind. Man hört und sieht nichts, wenn man hindurch läuft.

Oft ist so ein Weiler mitten im Wald gelegen. Manchmal ganz abseits wie in einer verklärten Wirklichkeit.

Mit ein wenig Fantasie fühlt man sich irgendwie ins Mittelalter versetzt. Für den vorbeilaufenden Pilger hat dies natürlich einen gewissen romantischen Flair, auch und vor allem darum, weil er eben vorbei marschiert, und danach gleich das Weite sucht, ohne mit irgend einer spanischen Dorfseele in Berührung zu kommen.

Hier zu leben, stelle ich mir schon recht schwierig vor.

»Wenn de do wohnscht, könnsch de dei eigener Bürgermeischter sinn«, lacht Bernd sich ins Hemd.

»Unn zugleich Knappschaftsälschter«, beeile ich mich, ihn in seiner Titelkreativität zu unterstützen und weiter anzuspornen.

»Unn Kerchevorsteher unn Gemehndeparrer.«

»Unn Vorstandsvorsitzender vom Kulturveein.«

Wir witzeln noch eine Weile herum, werden immer erfinderischer in der Auswahl der noch zu vergebenden Titel.

In der Herberge angekommen sind die Füße stumpf. Mangels Platz, und weil wir eben die Spätpilger sind, die Nachpilger wie man auch sagen könnte, werden wir in einer Scheune auf dem Dachboden untergebracht.

Die Außenanlage ist wunderschön. Diese Schlafplätze weniger. Im Grunde abenteuerliche Verhältnisse. Schwalbennester an den Wänden. Fünfzehn bis zwanzig Betten dicht nebeneinander. Ein ganz schmaler Gang. Ein Balken, der als Geländer dient, und mit Stricken an einer schwach anmutenden Holzdecke befestigt ist. An dem Balken kann man sich nicht festhalten, weil er schaukelt, man würde mit ziemlicher Sicherheit hinunter fallen. Eine gefährliche Leiter führt nach oben oder unten. Sie steht fast vertikal. Man kann sie beim Hinabsteigen nur rückwärts laufen, und muss sich dabei an einem Strick festhalten.

»Was issen das für e Hinkelslehder?«, fragt Bernd entsetzt.

»Iss wohl für e Selbschtmörder gedenkt.«

»Do komm ich im Lehwe nett hoch, wenn ich noher e paar Bier getrunk hann.«

»Unn ich nett runner.«

»Do musch de offem Dachboddem ehwe in die Hos pinkele.«

»Unn du muscht im Freie schlofe nehwe de Penner«, entgegne ich so schlagfertig wie spontan. Wir schenken uns nichts. Lachen, schlagen uns auf die Schenkel.

Gut so, mein Jakobs- und Pilgerbruder.

Ich trage jetzt Salbe über Knöchel am Fuß auf, da ziemlich starke Schwellung.

Bettmüdigkeit. Aber duschen und waschen, und essen und trinken. Wieder lange Runde. Zurück. Unruhiger Schlaf.

Herbergsallergie in dieser Behausung

Nachts dann auf. Nicht ohne Taschenlampe. Wo habe ich sie hingetan? Ich weiß es nicht mehr. Suche beginnt. Hektische Suche. Dann finde ich sie unter meinem Kopfkissen. Natürlich, wo sonst? Der abenteuerliche Abstieg zur Toilette.

Mit der Taschenlampe in der Hand den schmalen Gang entlang, an zehn bis fünfzehn Betten vorbei, die Schnarcher weisen mir den Weg, dann an der Hühnerleiter angekommen, sich umgedreht, an Strick festgehalten, und hinab mit Taschenlampe im Mund. Sie strahlt überall hin. Nur nicht dorthin wo sie soll. Sehe mich schon in die Tiefe stürzen. Und mit gebrochenem Bein oder verschobenen Knochen nach Hause fliegen.

Beiße mich in Taschenlampe fest. Dann doch glücklich unten angekommen.

Der erste Pilger bricht gegen fünf Uhr auf.

Er schläft direkt neben mir. Beobachte ihn. Ganz ruhig, bei völliger Dunkelheit, zieht er sich an, er packt seinen Rucksack, jede Handbewegung passt, jede Bewegung sitzt, alles ist ausgezeichnet koordiniert, er stülpt ihn sich über, und verlässt ohne ein Geräusch den schnarchenden und stinkenden Schlafsaal. Irgendwie faszinierend anzusehen. Ich kann kaum noch in den Schlaf finden. Zu viele Pilger stehen jetzt auf.

Nicht jeder verhält sich so ruhig wie mein Bettnachbar.

Ich bin zwar müde, kann aber nicht mehr einschlafen. Ich winde mich im Bett herum, warte darauf, dass Bernd erwacht, damit wir wenigstens einmal in unserem Pilgerdasein ganz früh aufbrechen können.

»Bernd«, wende ich mich leise an ihn, versuche seinem Schlaf zu trotzen, ihn für den morgendlichen Frühsport zu aktivieren.

Bernd erwacht nicht. Ich gebe meine Bemühungen auf.

Abends hatten wir gemütlich zusammen gesessen. Wieder einmal das traditionelle Pilgermenü gegessen. Viel gelacht, verdrängt, getrunken, Schmerzen vergessen und die Ängste, Santiago nicht zu erreichen.

Wegen eines dummen Zufalls, wegen einer Krankheit, wegen meines Knies, wegen Umknickens, wegen vom Dachboden oder von der Hühnerleiter fallen, wegen, wegen…

Klaus organisiert sich

30. Mai 2007

11. Etappe Boadilia del Camino – Fromista

7 km

***Mit Taxi nach Carrion, Bus nach Leon** (ca.1 Std.)*

Ein Pilgerstrom morgens schon um acht Uhr.

Der Camino ist auch heute total überlaufen. Er hat seit Hape Kerkelings Buch seine Unschuld unwiderruflich verloren. Man sollte ihn die nächsten Jahre meiden, wie Kerkeling süffisant bemerkte. Außerdem herrscht nach wie vor ein massiver Wettbewerb um die Betten. Ich bin ziemlich gleichmütig allem gegenüber, habe nicht mehr solche Bedenken hinsichtlich meiner Gesundheit. Ich werde alle Barrieren überwinden. Ich bin mir sicher, ich werde in Santiago ankommen.

Gestern Abend, wie eigentlich jeden Abend nach dem Duschen, sage ich zu Bernd in Ermangelung derselben: »Gepp mer mol bitte dei Bürscht.«

»Warum dann?«

»Wozu braucht mer wohl e Bürscht, du Schwachstecker?«

»Hascht doch e Stiftekopp.«

»Na unn?«

»Das bringt gar nix. Siehscht sowieso immer gleich bescheiden aus.«

»Jetzt gepp se schunn. Das iss rein psychologisch.«

»Ich hann gemennt rein *prophylaktisch*.«

»Seit wann kennscht dann du so e intelligentes Wort?«

»Odder präventativ.«

»Präventiv.«

»Sahn ich doch.«

»Leck mich hinne. E Intellektueller. Geht mit meine Fürz stinke.«

»Mit deine paar Hoorscher kannsch de jedenfalls kenn großer

Staat mache. Do nützt dir alles kämme nix«, ignoriert Bernd aus gutem Grund mein falsches Lob.

»Der pure Neid.«

»Das iss doch Schwachsinn, dich se kämme. Sieh das emol inn.«

»Die Bürscht bitte«, bleibe ich eisern und stur.

»Du hascht e Macke«, entgegnet er vollkommen undemutsvoll, und reicht mir den Streitgrund knurrend herüber.

Bis zum Ende unserer Pilgerreise bitte ich ihn jeden Abend um seine Bürste mit immer gleich bleibendem Erfolg.

Denn jedes Mal ärgert er sich ein wenig mehr und beschimpft mich wegen dieser sinnlosen Maßnahme.

Ich konzentriere mich jetzt auf den Camino.

Wir laufen einen Kanal entlang, sind beide nicht besonders gut gelaunt. Sprechen kaum. Jeder geht seines Weges. Eine Koreanerin überholen wir. Sie waren einmal zu dritt. Die anderen haben es nicht geschafft. Sie fahren immer öfters Taxi bis zum nächsten Etappenziel. Dort treffen sie sich in der erst besten Bar. Mehrmals beobachtet.

Die Frau ist noch jung. Sie lächelt uns an, als wir an ihr vorüber gehen.

Bon Camino

Unser Weg zieht sich und zieht sich. Wir müssten unbedingt ein paar Kilometer überbrücken. Bei der nächsten Gelegenheit werden wir das auch tun.

Diese eröffnet sich uns schon nach sieben Laufkilometern. Wir sichten eine Bushaltestelle in Fromista. Nichts wie hin.

Wir sind heute beide lauffaul. Haben überhaupt keinen Bock. Wollen einfach nur raus aus der Meseta, weg von hier. Wir möchten unserem Gemüt etwas Gutes antun, ihm noch einmal eine geschlossene Landschaft präsentieren, Sträucher, Bäume, vielfarbige Blumen, Berge, Täler, all das, was zum Leben einfach dazu gehört.

Vergebens bemühen wir uns, den Busfahrplan zu studieren. Nichts zu machen. Einige Pilger stehen auch hier. Versuchen zu analysieren. Keiner kann mit dem Fahrplan etwas anfangen. Wir reden miteinander.

Einen Pilger treffe ich, der läuft nach Astorga, um dort in der Pilgerherberge Dienst zu verrichten. Er ist schon seit drei Monaten unterwegs. Geht kreuz und quer, sucht sich die schönsten Strecken aus, lässt sich Zeit, welche die meisten nicht haben, und mosert über diesen fatalen Pilgertourismus.

Ich kann ihn verstehen. Mir geht es nicht anders. Selten ist man allein. Immer Pilger in der Nähe. Aber man ist ja selber einer. Wem soll man etwas vorwerfen?

Wir gehen in eine Bar, trinken einen Cafe con leche grande. Wir sprechen mit den Barbesuchern, Spaniern, fragen sie nach einer Busverbindung nach Leon. Wir hantieren mit Händen und Füßen. Nichts zu machen.

Wir verlassen die Bar ein wenig konsterniert. Sehen uns um. Aus lauter Verzweiflung begeben wir uns wieder zum Busbahnhof.

Ein Pilger gesellt sich zu uns.

Ist auch schon lange unterwegs, fast sechs Wochen. Ein Langsampilger, der das Wettrennen nicht mitmacht.

Einen Taxistand gäbe es, sagt er. Da oben. Er zeigt mit dem Finger dahin.

Gut, sagen wir, danke, Bon Camino. Dann nichts wie ab.

Wir rennen fast zu dem Haus. Sieht von außen ganz annehmbar aus. An der Klingel steht *Taxi aqui.*

Wir läuten. Eine Senora mittleren Alters öffnet die Tür. Wir fragen *aqui Taxi.*

»Si«, folgt die prompte Antwort. Wir nennen unser Etappenziel.

Una horas, bedeutet sie uns gestenreich, indem sie den großen Daumen nach oben hält. »Aqui«, und sie zeigt auf das Haus, vor dem wir stehen.

Wir sind natürlich sehr verwundert darüber, dass wir auf ein Taxi warten müssen, das direkt vor der Haustür parkt. So etwas wäre in Deutschland unmöglich. Aber wir sind auch hier nicht in

Deutschland. Wir sind in Spanien, in der Nähe des Camino. Und da gelten andere Gesetze.

Sie fordert uns auf, unsere Rucksäcke im Kofferraum des Taxis zu verstauen, was wir auch artig tun.

Wir müssen sie wohl etwas begriffsstutzig angesehen haben, denn sie wiederholt noch einmal *una horas,* indem sie abermals den Daumen der rechten Hand hochhält. »Aqui«, donnert sie uns dann erneut Respekt einflößend entgegen.

Wir schlendern danach ein wenig durch Fromista, sehen uns die Kirche an, setzen uns auf eine Bank, trinken eine Cola, halten ein Schwätzchen.

Dann gehen wir zurück. Aber – Taxi nicht da, Senora nicht da, niemand da.

Ich glaube mich jetzt zu erinnern, dass auf dem angeblichen Taxi auch das Taxiemblem fehlte.

Wir warten und warten. Senora erscheint nicht.

»Jetzt simmer unser Rucksäck los, mir Penner.«

»Hascht sowieso nur Huddel demit«, bemerkt Bernd obergalant.

»Rindvieh. Do könne mer grad hemmfahre.«

»Unn? Hascht du noch Luscht zum Pilschern?«

»Offgenn duhn annere«, bemerke ich selbstverliebt.

»Jo, mei Pilscherbruder.«

»Nüssje.«

»Nüssje kannsch de zu mir awer nett sahn.«

»Ich hanns doch grad gesaht odder hasch de was an de Lauscher?«

Wir lachen und warten. Warten immer noch. Sind fast am Verzweifeln, als die Senora plötzlich mit Formel 1-Tempo angebraust kommt.

Die Senora hätte ich fast umarmt, so froh bin ich, sie zu sehen.

»Grazias Senora«, schmeichele ich ihr, grabe sozusagen mein charmantestes Lächeln aus, als ich mich neben sie setze.

Sie muss meinen Charme in Verbindung mit meiner Umarmungsbereitschaft wohl gespürt haben, denn sie entgegnet forsch, aber bei weitem nicht kühl oder abweisend, was mich auch verwundert hätte: »Signoritta.«

Wenn ich bitten darf setze ich in Gedanken hinzu.

»Grazias Signoritta«, bemerke ich so devot wie gehorsam. Ich hätte sie noch immer umarmen können, gerade weil Signoritta und zudem äußeres Erscheinungsbild durchaus hübsch. Aber ich bin ja ein braver Camino-Pilger, und möchte ihr keine falschen Hoffnungen machen.

In einem Affenzahn geht es dann die nächsten 20 Kilometer weiter. Beim Anfahren werde ich massiv in den Beifahrersitz geschleudert, und beeile mich jetzt doch sehr, mich unverzüglich anzuschnallen.

Ich glaube inzwischen, dass man in Spanien in den Ortschaften hundert und mehr Kilometer fahren darf. Die Signoritta lächelt mir immer wieder von der Seite zu. Sie scheint mich ganz nett zu finden, möchte flirten.

Aber jetzt muss ich sie ja nicht mehr umarmen, wir haben unsere Rucksäcke sicher.

Sie setzt uns schließlich in Carrion de los Condes genau an der Bushaltestelle nach Leon ab, und verlangt 20 Euro. Anständiger Preis. Anständige Dame.

Trotzdem, sie wäre in der Tat besser Formel 1-Fahrerin geworden. Sie hätte ganz bestimmt den Durchbruch geschafft und große Karriere gemacht.

Glücklicherweise befindet sich vor der Bushaltestelle eine Bar. Nichts wie hinein. *Dos Cerveza grande por favor.*

Es folgen noch einige, weil wir fast ein ganzes Fußballspiel Zeit haben, ehe der Bus nach Leon kommt.

Gerade eine SMS von meinem Arbeitskollegen Stefan Schütz erhalten. Auch meine Brüder haben sich gemeldet, meine Mutter, Theo, mein Vater, meine beiden Nichten.

Und in den Tagen danach Albert, Manuela, Eckhard, Elvira, Jürgen, Birgit, Frank, Sybille, Anke, Eva, Lucie, mein LKA-Schichtpartner Stefan Gehring und Heike, meine liebe Kollegin vom Roten Kreuz, die den Jakobsweg im Juli ganz allein bewältigen möchte, wozu ich ihr jetzt schon viel Glück, Kraft, Ausdauer, Durchhaltevermögen und vor allem Gesundheit wünsche.

Sie alle sprechen uns Mut zu. Immer öfters jetzt SMS von Freunden und Bekannten.

Das tut mir gut. Ungeheuer gut. Hätte nie diese Resonanz erwartet.

Freue mich über jede Nachricht. Bin fast abhängig davon.

Von Leon aus sind es noch etwa 325 Kilometer bis nach Santiago.

Entlang der Straße in Richtung Alto de Mostelares

Kleines Zwischenresümee aus meinem Tagebuch während des Aufenthaltes in der Bar geschrieben:

Alles bis zu diesem Zeitpunkt ziemlich anstrengend. Kein Spaß mehr am Laufen. Massenpilgerei. Meseta-Apathie. Herbergsallergie. Heimweh. Müdigkeit. Zermürbt und deprimiert.

Wir werden die anvisierten 600 Kilometer zu Fuß wohl nicht schaffen.

Uns aber gleichgültig.

Ich gebe mehr Geld aus als geplant. Obwohl wir nur zweimal bisher in einer Pension übernachteten. Ich habe auch keine Lust mehr zum Führen dieses Tagebuchs. Ich bin nach den Etappen einfach zu müde. Und zwischendurch auch. Aber wie soll ich ein Buch schreiben, ohne Tagebuch geführt zu haben? In der Erinnerung verblasst alles. Das Buch soll möglichst authentisch sein. Also muss ich schreiben, was bedeutet, den inneren Schweinehund zu überwinden.

Ich frage mich immer mehr nach dem Sinn dieses Weges.

Vielleicht laufe ich den Camino, weil ich mich in meiner so genannten Komfort-Zone, in der ich mich zweifelsohne befinde, allzu sicher bewege, wie kürzlich während eines interessanten wie intensiven Gespräches innerhalb einer Gruppe von einem jungen Pädagogen respektive Sozialarbeiter geäußert und vermutet wurde.

Aber in dieser Komfort-Zone lerne man nichts mehr Neues hinzu, denn man bewege sich in einem sicheren Umfeld und somit im vertrauten Kreis.

Also hätte ich diese Zone ganz intuitiv verlassen, ohne es rational zu verarbeiten, um einen ungewissen Bereich zu betreten, der viele neue Eindrücke durchaus zuließe.

Und schon kann meine Lernphase beginnen.

Durchaus denkbar und erklärlich. Trotzdem Hypothese.

Freunde mich langsam damit an, dass ich zum Abenteurer geboren bin. Ein Mann, der das Ungewisse sucht, die Herausforderung. Der vor nichts zurück schreckt. Den nichts aufhalten kann. Hahaha.

Lassen wir die Kirche doch lieber im Dorf. Meine Demut braucht noch ein paar Anreize. Vielleicht ein paar Belehrungen.

Wenn ich einen Rucksack sehe, bekomme ich mittlerweile schon Aggressionen, weil die Pilger wie die Gänse hintereinander her marschieren. Sie haben auf dem Weg kaum richtig Zeit, sich die Landschaft anzusehen oder irgendwelche Sehenswürdigkeiten. Sie laufen wie gehetzt. Aus welchem Grund auch immer. Wahrscheinlich Bettgeilheit. Rucksack an Rucksack wetteifern sie um einen guten Platz in der Herberge. Sie schlängeln sich durch die Landschaft wie ein langer Faden. Ein Pilgerwurm.

Und wir beide sind dabei.
Wir wären jetzt aber lieber zu Hause.

30. Mai 12:30 Uhr.

Der Bus nach Leon fährt vor. Wir steigen ein. Sitzen sozusagen in der ersten Reihe. Viele Pilger sind dabei. Auch sie müssen oder wollen überbrücken.

Wir fahren über eine Stunde. Es ist ein gutes Gefühl, um nicht zu sagen ein sehr gutes Gefühl, einige Kilometer im Bus sitzend so hinter sich zu bringen. Seele und Gemüt werden durchgeschaukelt, können verschnaufen, neue Kraft tanken, sie konservieren für schlechtere Tage.

Es war von Anfang an klar, dass wir eine gewisse Strecke überbrücken müssen. Wie schon erwähnt, in vier Wochen wollen wir keine 800 Kilometer zu Fuß zurücklegen. Das ist uns einfach zu stressig.

Wir sehen Schwärme von Pilgern, eine regelrechte Karawane neben der Straße einträchtig hintereinander her laufen. Wir bemitleiden sie. Warum tun sie sich das an? Entlang dieser öden, langweiligen, stark befahrenen, schnurgeraden Straße, die einer Autobahn gleichkommt. Die meiste Zeit laufen sie auf Asphalt. Und Asphalt schont Füße nicht. Wir denken schon wie Leute, fällt mir gerade auf, die keine Pilger mehr sind, und keine Rucksäcke auf ihren armen Schultern tragen. Obwohl wir noch keine Stunde im Bus sitzen, und heute Morgen genauso im Pulk dahertrotteten.

30. Mai 15:30 Uhr.

Wir sind jetzt in Leon. Waren bei Mc Donalds. Wir wollten uns einmal richtig satt essen. Und es sollte auch einmal richtig gut schmecken. Und es schmeckte auch richtig gut. Mc Donalds ich liebe dich, obwohl ich das bisher gar nicht wusste.

Wir laufen in Richtung Stadtkern, immer den gelben Pfeilen nach. Wir sind darauf getrimmt, würden sie selbst im Dunkeln noch erkennen. Unsere Augen haben schon Gelbe-Pfeile-Schlitze. Wir spüren sie förmlich auf, selbst wenn sie mit bloßem Auge kaum zu erkennen sind.

»Wie soll ich dehemm nur ohne e Gelwer Pfeil auskomme?«, frage ich Bernd.

»Hann ich mir a schunn iwwerleht. Ich wes gar nett, ob ich dann die Awett noch finne.«

»Das iss jo nett so schlimm. Odder bisch de wild droff?«

»Nee, awer späteschtens wenn ich in de Wohnung ohne e Gelwer Pfeil sinnlos erum irre unn mei Bad suche isses vorbei.«

»De Klo musch de se allerehrscht emol finne.«

»Der iss doch im Bad.«

»Das hat bei dir noch lang nix se hehsche.«

»Blödmann«, beschimpft mich Bernd aus vollem Herzen.

Wir lachen und reden weiter dummes Zeug. Sind fröhlich, albern ohne Ende. Hauptsache, die Meseta hinter uns. *Die Meseta hinter uns.*

Ich kann es gar nicht oft genug erwähnen.

Immer noch in Leon. Wir laufen und laufen. Leon ist groß, Leon ist laut, Leon ist voller Pilger, Leon hat eine große Kathedrale, ist schön und teuer.

Schon eine ganze Weile suchen wir ein Hotel oder eine Pension.

Soeben fündig geworden.

Zimmer gebucht, fast im Zentrum von Leon, für 42 Euro insgesamt. Wir beziehen unsere Betten, waschen, hängen Wäsche auf Balkon, duschen, behandeln unsere Füße, ruhen ein wenig.

Jetzt gehen wir in die Stadt essen. Bessere Stimmung. Meseta hinter uns. Es kann nur noch aufwärts gehen.

Abends in Leon dann in einer Bar. Wunderschöne Frau hinter Tresen. Eine Spanierin der Sonderklasse. Wir sind einsame

Männer. Machen unsere Späße. Zur Belohnung gibt es *Tapas*. Wir trinken einen Cognac. Sogar einen Doppelten. Zum Desinfizieren, wie wir uns einreden. Sind guter Stimmung. *Signoritta* lächelt, lacht schließlich, flirtet mit uns. Wir geben auch unser Bestes. Sie willigt ein, dass Bernd ein Foto von ihr schießt. Jetzt lächelt sie noch süßer als alle romantischen Gedanken und Vorstellungen in uns.

Ich sage zum Spaß: »Die Signoritta wär mir roh liewer wie du gebrot.«

»Mennsch de mir geht's nett so?«

»Hascht doch gar kenn Chance nehwe so em stattliche unn aparte Mann wie mir.«

»Nüssje.«

Wir lachen, albern, sind vergnügt. Beflügelt, nein, beschwingt gehen wir zu Bett.

Es gibt nichts Zauberhafteres als das süße Lächeln einer Frau.

Vorsicht, Pilger, geh in dich und bleib auf deinem Weg.

Man gönnt sich ja sonst nichts

31. Mai 2007

12. Etappe Leon – San Martin del Camino

24 km

Das Wetter ist schlecht. Es regnet. Es ist kühl. Schaue aus dem Fenster. Keine Lust zum Laufen. 24 Kilometer vor uns. Auf schlechtem Asphaltbelag aus der Stadt heraus, durch Industriegebiet. Der Camino ist hier nicht wirklich schön.

Ich denke auf den ersten schweren Kilometern aus der Metropole Leon heraus: *Pilger kommst du nach Santiago, so berichte, du hast uns leiden gesehen, wie der Weg es befahl.*

Während der Wanderung zunehmend starker Wind. Wir laufen permanent dagegen an. Es ist ein ewig langer, gerader Weg, den man deshalb nie aus den Augen verliert. Wir taufen ihn Schmerzweg in unserem unerschöpflichen Einfallsreichtum.

Meine Füße sind bis hierhin ganz okay. Gut verpflastert. Das Leiden beginnt immer erst ab Kilometer zwanzig, manchmal auch später, was von der Beschaffenheit des Weges abhängt.

Ein groß gewachsener Pilger läuft schnellen Schrittes an uns vorbei.

»Ola«, sagt er.

»Bon Camino«, erwidern wir stereotyp.

»Deutsche?«, fragt er.

»Ja.«

»Woher?«

»Saarland«, fassen wir uns kurz.

»Wie lange?«

»Knapp zwei Wochen.«

Wir sprechen Hochdeutsch. Jeder soll wissen, dass wir Saarländer auch diese Variante der Abwandlung von unserer Mundart perfekt beherrschen.

»Von wo?«

»Saint-Jean.«

Wir wählen die Kurzfassung.

»Und schon so weit?«

»Wir sind eine Strecke mit dem Bus gefahren. Haben nur vier Wochen.«

»Ach so«, mustert er uns geringschätzig, als seien wir Hühnerdiebe oder Wanderschuhlaufignoranten oder Streckendrückeberger oder noch viel Schlimmeres und lässt uns stehen. Er zieht los, als wolle er einen Hundert-Meter-Sprint gewinnen.

»Was issen das für e Heini?«

»E besinnlicher Pilscher«, stelle ich ironisch fest.

»Jo, do hasch de Recht«, sagt Bernd, der sich aufregt, »was nemmt der sich iwwerhaupt eraus? Was mennt denn der, wer er iss?«

»Mach dir nix draus. Mir lasse uns von demm nett an de Karre fahre.«

Kathedrale in Leon

Nach nur einigen hundert Metern sehen wir, dass der lang aufgeschossene Ignoranz- und Belehrungspilger einen falschen Weg einschlägt. Er hat den gelben Pfeil offenbar übersehen. Kein Wunder, wie der rast.

»Ich ruf ne nett«, sage ich in einem ungewohnten Anflug von Bosheit. In meiner Imagination sehe ich den Hetzpilger schon zu seiner großen Bestürzung in Madrid ankommen. Ein Lächeln auf meinen Lippen als Schandfleck auf meiner Seele. Und trotzdem keine Reue.

»Das könne mer nett mache. Mir sinn doch Pilscher«, belehrt mich Bernd, der dem Pilgerstatus anscheinend näher ist als ich.

»Dann ruf du. Odder peif. Das hörter veleicht.«

Bernd pfeift, wie ihm befohlen.

Der Ignoranz- und Belehrungspilger dreht sich um.

»In diese Richtung«, zeigt Bernd ihm gnädig an.

Der Schnelllaufpilger reagiert sofort, nimmt den richtigen Weg, und bedankt sich mit einer arroganten Pilger-alles-Laufen-Handbewegung.

»E werklich besinnlicher Pilscher. Der losst sich Zeit für die Pfeile«, bemerke ich ironisch.

»Hammer doch e guttes Werk vollbracht. Odder? Der wär unner Garantie in Madrid geland.«

Dachte ich doch vorher schon, denke ich

»Hoffentlich kommder in Santiago an. Do kanner uns grad de Bus noh Finisterre bezahle.«

Wir lachen, albern, quatschen, labern, blödeln.

Heftig einsetzender Regen jetzt. Damit einhergehend starker Wind.

Dem schutzlos ausgeliefert. Außerhalb der Stadt. Suche nach einer Unterstellmöglichkeit.

Aber nur ein Haus links ohne Dachüberstand. Schräg gegenüber, auf der anderen Seite der stark befahrenen Straße, ein langes Fabrikgebäude, auch ohne Dachüberstand.

Wir wissen nicht, was wir tun sollen. Schauen uns immer noch unschlüssig um.

Plötzlich auftretende, heftige Magenprobleme. Fast in Raketengeschwindigkeit. Bekannte Symptome. Die ganze Zeit schon ein komisches, flaues Gefühl.

Weit und breit nichts zu sehen als dieses Haus und das Fabrikgebäude. Wo soll ich hin? In das Haus nebenan? Sieht nicht sehr einladend aus. Ich weiß nicht, wo ich mich hinwenden soll, stehe sinnlos in der Gegend herum, werde vom Regen fast erschlagen, und beschimpfe mich selbst als Rucksackterroristen. Ich empfinde jetzt eine gewisse Genugtuung dabei, kein gutes Haar an mir zu lassen.

Was will ich hier? Wozu tue ich mir das an? Lange Zeit von zu Hause weg, zu lange, vier Wochen, viel zu lange. Zu welchem Zweck? Warum nur? Bin ich noch ganz bei Trost? Und jetzt stecke ich hier fest. Auf einer stark befahrenen Straße. Man hat sogar Schwierigkeiten auf die andere Seite zu gelangen.

Ich beschimpfe mich immer noch lautstark, und denke schließlich im Stillen, dass ich vor dem Jakobsweg demutsvoller war als in diesem Augenblick.

Ich zähle jeden Tag wie zu Zeiten der Bundeswehr. Komme mir vor wie ein Gefangener. Allerdings wie ein privilegierter Gefangener, dessen Zellentür jederzeit offen steht für die manchmal so ersehnte Heimreise.

»Ich muss offs Klo.«

»Dann geh doch.«

»Siehscht du do enner?«

»Nee.«

»Ich muss awer.«

»Dann mach in die Hos.«

»Iss schunn passiert.«

Habe meinen witzigen Tag.

Bernd beamt sich weg vor Lachen. Und das neben einer stark befahrenen Straße, einer Autobahn gleich, wie die rasen. Immer wieder kommt Wasser gespritzt, wenn die Autos vorüber donnern. Das Schlimmste sind die vielen Lastkraftwagen, und durch ihre Reifenspur verursacht diese Bäche von Wasser, das wie aus

Kübeln mit besonderer Beharrlichkeit und Zuverlässigkeit gezielt gegen uns geschleudert zu werden scheint.

Wir springen zur Seite.

Wir sind die so genannten *Rucksack-zur-Seite-Springer*.

Haben aber nicht viel Platz und noch weniger Möglichkeiten auszuweichen. Es ist ein sinnloses Unterfangen. Wir leisten Sisyphos-Anstrengungen und sind uns dessen durchaus bewusst. Aber es ist wie ein Reflex. Aus der Not geboren, der Not gehorchend.

»Ich muss offs Klo«, wiederhole ich stereotyp, als ob mir dieses Lamentieren weiterhelfen würde.

»Ei wo dann? Siehscht du do enner?«

»Nee, awer ich muss unn kanns jetzt nett ännere«, bleibe ich beharrlich.

»Ich a nett.«

Der Druck wird größer. Mir reichts. Ich renne einfach über die Straße, in Richtung Fabrik, klopfe gegen die Tür, keine Reaktion, klopfe wieder, trippele, klopfe abermals, laufe hin und her, als ob ich Parcourspringen veranstalten möchte, klopfe erneut, nein, hämmere dagegen.

Ein Senor öffnet mir die Tür.

Ich versuche ihm mein Anliegen zu erklären. Es ist aller höchste Eisenbahn. *No capito*. Der Mann versteht mich nicht. Ich zeige verzweifelt mit einer Hand auf mein Gesäß, und demonstriere mit perfekter Pantomime eine Sitzbewegung. Fast wäre ich hintenüber gefallen, so schwer wie der Rucksack sich anfühlt und zum Boden drückt.

Der Senor versteht mich jetzt, lächelt. Er weist mich an, mitzukommen, zuerst aber meinen Rucksack abzustellen. Was ich gerne tue. Und wenn er ihn mir klaut oder durchstöbert. Mir ganz egal. Dann habe ich wenigstens einen einleuchtenden Grund, die Tour abzubrechen und nach Hause zu fliegen.

Ich muss auf die Toilette. Und das um jeden Preis.

Sie ist sehr sauber und recht groß. Es gibt sogar Toilettenpapier, was in den meisten spanischen Bars nicht der Fall ist.

Bei der Fabrik handelt es sich übrigens um eine Fleischerei. Ich sehe gepökelten Schinken an Haken befestigt, die an der Decke hängen, andere Wurstsorten, und viele Maschinen, um die Wurst zu bearbeiten oder klein zu schneiden oder was auch immer.

Erleichtert ziehe ich wieder von dannen, nicht ohne mich vorher tausendmal bei dem netten Senor zu bedanken. Ich fühle mich schon besser. Und mein Rucksack ist mir auch nicht geklaut worden.

Schade, Moni und Elisa, ihr müsst noch eine Weile auf mich warten.

»Unn du Hosescheißer? Alles klar?«

»Das duht jetzt awer weh.«

»Dann muss es emol weh duhn.«

»Das duht jetzt richtisch weh.«

»Dann nemm ichs zerück unn behaupt es Gejedehl.«

Immer wieder diese Dialoge. Vor allem in Situationen, in denen es uns nicht unbedingt sehr gut geht. Für intellektuelle Gespräche verspüren wir im Augenblick weder Lust noch Notwendigkeit noch irgendeinen Anreiz.

Wir laufen immer noch neben dieser stark befahrenen Straße. Nur eine Leitplanke trennt uns. Ständig kommen Wasserlachen auf uns zugeschossen. Wir sind klatschnass. Der Regen ist nicht mehr so stark, und lässt schließlich ganz nach. Wir gehen jetzt durch ein Feld, einen Wald, dann überqueren wir eine Straße. Und sehen wieder diesen Schmerzweg vor uns. Ganz hinten am Horizont kaum zu erkennende winzige Häuser. Ein Dorf. Dort müssen wir hin. Die Route führt beängstigend geradeaus, immer geradeaus, wie an einer Schnur gezogen. Und so weit das Auge reicht. Wir laufen über eine Stunde und sind noch immer nicht am Ziel.

Kleines Bonmot am Rande: *Ein Mann sollte in seinem Leben ein Haus gebaut, ein Kind gezeugt, und zumindest einmal nach Santiago gelaufen sein.*

Das denke ich in diesem Augenblick.

Immer noch laufen wir auf diesem Schmerzweg. Und beobachten Autos, die brutal und lebensgefährlich andere Autos überholen. Viele spanische Autofahrer sind nicht ganz dicht. Es ist schon fast kriminell, wie die fahren.

Dann kommen wir schließlich irgendwo an. Wir denken, wir sind an unserem Etappenziel, aber der Ort heißt San Martin del Camino, das verlassenste Nest der Welt, wie sich später herauskristallisiert. Graue und dunkle Hauswände, Fassaden längs der stark befahrenen Straße, dahinter oft nur eingestürzte Mauern, ein kleiner Lebensmittelladen mit wenig Angebot, aber drei Bars. Ich kann es nicht fassen. Dazwischen verfallende Häuser, neue Häuser daneben, deren Bauphase irgendwann eingestellt wurde. Sie werden wohl noch in Jahren in diesem halb fertigen Zustand hier stehen, und auf ihre Besitzer vergebens warten. Aus welchen Gründen auch immer.

Wir begeben uns zur Herberge. Sie ist soweit okay. Es handelt sich um eine Privatherberge. Was sollen wir tun? Weiter laufen oder hier übernachten? Es gibt sogar Doppelzimmer. Wir entscheiden uns, hier zu bleiben.

Wir bekommen ein Zimmer zugewiesen, allerdings ohne Fenster. Mir doch egal. Ich schlafe sowieso nur im Bett. Habe nicht vor ein Buch zu lesen oder Computer zu spielen. Außerdem beides nicht dabei. Sehr witzig, Herr Pilger.

Noch 16 Tage. Bisher sind wir 267 Kilometer gelaufen.

Am Abend gibt es wieder Pilgermenü. Die Vorfreude ist groß. Ich kann es kaum erwarten, das zähe, super dünne Fleisch zwischen meinen Zähnen zu spüren. Bin schon ganz verrückt danach.

Die Herbergsdame, eine sehr nette, junge, hübsche Frau, wäscht mit der Waschmaschine unsere Wäsche. Zum Trocknen müssen wir sie aufhängen.

Abends. Bernd und ich sitzen mit interessanten Pilgern zusammen. Wir reden, diskutieren. Gerhard aus Österreich, ein Pilger, dem wir bis Santiago immer wieder begegnen, hält mir vor, dass ich ein unzufriedener Pilger sei, weil ich zuviel an allem herumnörgele. Der Camino habe eben seine eigenen Gesetze. Stimmt wohl. Aber ich darf doch das ausdrücken, was ich im Moment subjektiv empfinde, was mich belastet, was mir nicht gefällt. Brauche keinen Mentor, der mich belehrt. Ich gehe lange nicht mehr zur Schule, und Euphemismus um jeden Preis, nur weil dieser Weg der Jakobsweg ist, scheint mir zu doof. Und die Strecken sind eben nicht immer schön. Verlaufen oft neben stark befahrenen Straßen. Und die Pilgerautobahn ist auch nicht weg zu diskutieren, der Kampf um die Betten. Das sage ich ihm. Gerhard entschuldigt sich bei mir. *War nicht so gemeint.* Mein Anliegen wäre vielleicht falsch herüber gekommen. Wir reden weiter, reden sehr viel, diskutieren schließlich bei immer mehr Vino tinto über den Zweiten Weltkrieg, über Hitler und die Folgen, über die Welt schlechthin, über unser Pilgerdasein. Eine breite Themenpalette.

Ein junger Schweizer sitzt mit am Tisch, ein ganz Cooler mit langen Haaren, die zu einem Zopf gebunden sind, und einem wahnsinnig auffallenden Kopftuch. Er pilgerte schon in der Schweiz los, lässt sich durch nichts beirren, und geht seinen Weg wie er ihn gerade gehen möchte. Gerhard ist auch schon lange unterwegs. Und wird auch noch eine Weile unterwegs sein. Beide strahlen diese routinierte Gelassenheit aus, die nicht gespielt ist.

Eine junge Pilgerin aus Deutschland, neben dem Schweizer sitzend, beteiligt sich an unserem Gespräch über die NS-Zeit, fängt plötzlich zu heulen an, lässt sich nicht mehr beruhigen, und verlässt abrupt den Tisch. Wir sind alle betroffen, können uns das nicht erklären, zumal wir alle Antifaschisten sind, und nicht im Geringsten rassistisch argumentierten. Vielleicht hat sie Heimweh, Liebeskummer oder was auch immer. Zwecklos darüber zu spekulieren.

In der Herberge zwei Damen aus dem Allgäu wieder getroffen, die wir ein paar Etappen vorher gesehen haben.

Ein langer Abend geht schließlich zu Ende. Ich lasse mein Handy liegen. Gerhard, der Österreicher, bringt es mir. Es ist für eine Herberge ungewöhnlich spät geworden. Fast 23:00 Uhr.

Tiefer Schlaf. Gegen Morgen springt Bernd dann plötzlich aus dem Bett, rennt wie ein Verrückter auf die Toilette. Ich höre Geräusche, die ich sofort richtig definiere.

»Was issen los?«

»Mir geht's nett gutt. De Ma.«

»Ich hanns geheert. Häscht geschter Owend nett soviel trinke solle. Hascht enner im Tee gehat.«

»So schlimm wars doch gar nett. Das kanns unmöschlich sinn.«

Schon rennt er wieder los. Er ist leichenblass.

»Oh heer doch off«, sagt er, als er wieder in sein Bett kommt.

»Mennsch de, dass de heit laafe kannscht?«

»Nee. So wies mir iss. Am beschde bestellsch de e Dotegräwer.«

»Mach kenn Witze.«

Er rennt erneut, als wäre Satan höchstpersönlich hinter ihm her, wie von der Tarantel gestochen los. Er tut mir Leid. Aber ich kann nichts ändern. Er muss liegen bleiben und auf ein Wunder hoffen, dass er heute wieder auf die Beine kommt.

Ich höre mein Handy ab. Elisa, meine Tochter, hat es per Automat aufgeladen. Mir geht es ganz gut so weit. Fühle mich physisch fast gesund und psychisch stabil.

Wir sind nur eine Etappe vor Astorga. Dort wollen wir eine Ruhepause einlegen, in eine Pizzeria gehen, meine geliebte Lasagne essen, die Stadt besichtigen, uns ablenken, relaxen, die Kathedrale sehen.

Astorga soll eine mittelgroße, schöne Stadt sein. Nicht wie dieses San Martin del Camino. Grässlich. Aber Bernd kann nicht aufstehen. Er rührt sich nicht. Ihm ist immer noch übel zumute.

1. Juni 09:30 Uhr.

Ich sitze in einem Zimmer ohne Fenster und hoffe ungeduldig darauf, dass Bernd sich erhebt. Aber er kann nicht.

»Geht's nett?«

»Nee, werklich nett.«

»Okay, ich holder e Kamilletee.«

»Am beschde buchsch de noch für e Naacht. So kann ich unmöschlich laafe.«

»Mach ich.«

Ich finde mich langsam damit ab, heute hier bleiben zu müssen.

Ich frage die Herbergsdame, ob wir ein Zimmer mit Fenster bekommen können. Ist machbar. Zahle einen weiteren Tag. Die Dame kocht für Bernd den gewünschten Kamillentee. Bernd legt sich in ein frisches Bett in einem Zimmer mit Fenster.

Ich trage ihm seine Siebensachen nach, er ist zu schwach, er muss sich sofort wieder hinlegen.

Er braucht Schlaf.

Er braucht sehr viel Schlaf.

1. Juni 14:30 Uhr.

Ich sitze in einem Zimmer mit Fenster in meinem neu zugewiesenen Bett. Bernd liegt gegenüber. Ich trage seinen dicken Pullover, und schreibe in meinem Tagebuch. Eine kühler Sog strömt durch das geöffnete Fenster.

Ich werde jetzt losziehen. Ein wenig frische Luft atmen. Aber zuerst werde ich ausziehen. Besser gesagt umziehen. Ich gehe in ein anderes Zimmer, möchte die Nacht für mich alleine verbringen, um mich nicht anzustecken. Bernd findet das okay. Besser so. Habe keine Lust auf seine Brecheinlagen.

Ich siedele, ohne die Herbergsdame zu informieren, kurz entschlossen um. Wenn mich die Krankheit jetzt auch noch träfe, würden wir zuviel kostbare Zeit verlieren.

Bernd liegt immer noch fest. Er kann sich nicht erheben. Er ist total schwach, aber er übergibt sich nicht mehr. Er hatte ein wenig Fieber. Doch das ist jetzt auch vorbei.

Jetzt geht es ab in den Ort. Ich kann mich nicht den ganzen Tag in der Herberge verkriechen. Bernd ist ohnehin froh, wenn er seine Ruhe hat.

San Martin del Camino ist schlimmer, als ich es mir vorgestellt habe.

Alles grau in grau. Ich kaufe eine Cola, ein Apfel, eine Banane, Kekse. Esse auf einer Bank vor einem kleinen, bescheidenen Lebensmittelgeschäft. Laufe anschließend noch ein bisschen herum.

Gehe in die Herberge, lerne eine Dame, die an der Nordsee wohnt, kennen und rede mit ihr. Eine Stunde tauschen wir unsere Gedanken aus. Interessante Kommunikation. Immer hilfreich so ein Gespräch. Ich telefoniere mit meiner Frau. Das tut auch gut. Wir hängen hier heute definitiv fest. Auch mit dem Bus zu fahren ist ausgeschlossen. Bernd leidet wie ein Hund. Ich besorge wieder Kamillentee, gebe ihm eine Banane. Ich fühle mich ziemlich leer im Kopf, als ob ich eine Nacht länger im Gefängnis verbringen müsste. Körperlich befinde ich mich ganz gut. Ich warte die ganze Zeit auf SMS. Sie bedeuten Lebensqualität.

1. Juni 17:30 Uhr.

Der Tag heute fällt mir schwer. Immer noch in San Martin del Camino.

Dieses Stehen bleiben, Anhalten, Herumsitzen, Warten…

Wandern wäre mir lieber gewesen, einen anderen Ort sehen, andere Wege gehen, fremde Menschen kennen lernen, und selbst wenn es Pilger wären mit Rucksäcken auf den Rücken.

Mein Eindruck bis jetzt: Abwarten, aufnehmen, verarbeiten, lernen, Geduld aufbringen, nichts erzwingen, ertragen.

1. Juni 22:00 Uhr.

Am Abend dann das berühmt-berüchtigte Pilgermenü, auf das ich mich schon den ganzen Tag so tierisch freue. Zum zweiten

Mal hintereinander. Fantastisch. So etwas wollte ich schon immer mal erleben.

Tapfer würge ich wie ein Hund den Fraß schnell hinunter. Ich weiß, ich benötige Kohlenhydrate, muss Stärke tanken für den nächsten Tag.

Die Knoblauchsuppe schmeckt scheußlich. Ich schlucke und schlucke, damit ich nicht bei jedem Bissen diesen Geschmack ertragen muss. Fast könnte man annehmen, ich fände sie köstlich, so schlürfe ich sie in mich hinein. Das Fleisch ist dünn wie Aufschnitt und die Pommes eine aneinanderklebende seltsame Masse. Sie sehen aus wie missglückter Teig. Ein formloser Klumpen, dazu ohne jedweden Geschmack. Und es gibt kein Salz, kein Pfeffer, kein Ketchup, um irgendetwas an dem Essen zu beeinflussen.

Dieses Mal bin ich in nicht so guter Gesellschaft.

Ein Mann neben mir, Franzose, hustet während des Kauvorgangs permanent, dass die Brocken nur so durch die Gegend fliegen. Ein aalglatter Zufall, wenn sie meinen Teller nicht erreichen. Er landet mehrere Volltreffer. Denn andauernd verschluckt sich dieser groteske Typ, weil er während des Essens unaufhörlich spricht. Ich schlage ihm zwei-, dreimal auf die Schulter, das dritte Mal sehr viel kräftiger mit einer gehörigen Portion Wut im schlecht gefüllten Bauch, von Hilfeleistung längst keine Spur mehr, er bedankt sich artig erschrocken, und labert mich trotzdem, als wollte er mir verbal Konkurrenz machen und meine Grenzen aufzeigen, unbeeindruckt weiter voll mit seinem unglaublichen Redeschwall. Da bin sogar ich ein Stiefkind dagegen. Er isst wie in Zeitlupe während mir der Hunger inzwischen vergangen ist, braucht eine halbe Stunde länger als jeder andere Pilger, aber er futtert seinen Teller bis auf den letzten Krümel leer, obwohl das Essen mit Sicherheit längst kalt geworden ist.

Nicht gut zu ertragen dieser Franzose. Zwei Deutsche sitzen mir gegenüber. Versuche verzweifelt Kontakt mit ihnen aufzunehmen, was schließlich auch gelingt. Wir reden dann lange, übergehen den Franzosen. Nach einer Weile verabschiedet er sich frustriert, der Abend ist gerettet. Dann lange Debatten über Sinn und Unsinn einer Pilgerreise.

Denke an den jungen Schweizer von gestern Abend. Ein uriger Typ. Würde mich nicht wundern, wenn er aus Uri käme (um hier mal eine preisgekrönte Metapher los zu werden!). Er wandert allein, ist in Gedanken ganz frei nach seinen Worten, meint, die endlosen Wege muss man positiv sehen, sich mit ihnen arrangieren, sie engen einen nicht ein, sie befreien in Wahrheit. Er fühle sich gestärkt durch jeden Schritt, laufe außerhalb seines Ichs seinem ureigenen Ich entgegen.

Okay, mein Freund, ich wünsche dir alles Gute bei der Suche nach dir selbst.

Rechtzeitig zu Bett. Schaue nach Bernd. Noch immer nicht gut. Er hat aber kein Fieber mehr. Und eine Zeitlang geschlafen.

Das tue ich jetzt auch.

Allein in meinem Doppelzimmer. Welch ungewohnter Luxus. Frische Luft vom geöffneten Fenster. Meine Augen fallen zu. Eine Weile döse ich vor mich hin. Denke an vieles. Finde nicht in den Schlaf. Er übermannt mich schließlich doch. Ehe mich das Sandmännchen endgültig zärtlich wohlig und anheimelnd gefangen nimmt, denke ich in einem verborgenen Hinterstübchen meiner Nochaufnahmefähigkeit, Verlassenheit hat einen Namen: *San Martin del Camino.*

Heute ist Halbzeit unserer Reise. Eine schöne Halbzeit.

Resümee:

Ich bin immer noch kein richtiger Pilger. Habe nicht die rechte Einstellung dazu. Gerhard hatte Recht. Ich fühle mich zu oft getrieben. Ich weiß selbst nicht warum. Mir fehlt diese Pilgermentalität.

Spanien ist grün und grau, fast alle kleineren Dörfer längs des Camino sehen gleich aus, verfallen, öde, leer, dunkel, dreckig. Eine gewisse Eintönigkeit kommt damit umher.

Die Wege sind nicht immer toll, verlaufen manchmal parallel ne-

ben stark befahrenen Straßen. Einige Etappen, vor allem aus den Städten heraus, sind strapazierend, nervenaufreibend, langweilig. Und zu viele Pilger unterwegs.
Man lernt hier bei den Pilgerabenden auf ominöse, intuitive Art und Weise englisch und französisch zu verstehen. Man hört einfach zu und kapiert. Ein seltsames Phänomen.
Eine gewisse innere Unruhe. Trotzdem irgendwie Gelassenheit. Schwer zu erklären. Ständig habe ich ein Hungergefühl. Generell beim Laufen.
Mit Bernd komme ich gut klar, wir verstehen, ergänzen uns.
Die große Demut hat sich noch nicht eingestellt. Fühle mich oft leer und verlassen. Immer wieder die Angst vor dem Weg. Vor dem Aufbruch. Vor den Schmerzen.
Die Meseta war eine schlimme Erfahrung. Ganz tiefgrünes, flaches weites Land. Ewige Weiten. Felder an Felder, Sicht von 30 Kilometern und mehr. So weit das Auge reicht.
Immer und überall Vogelgesang.
Die Meseta kann einen im Kopf weich kochen.
Hinter Leon war der Weg wirklich schlimm.
Meistens neben viel befahrenen Straßen. Gefährliche Wege. Gefährliche Etappe, denn viele Spanier rasen wie die Verrückten. Sie nehmen nicht die geringste Rücksicht.
Ich habe begriffen, dass meine Familie mir sehr viel bedeutet.
Meine Heimat, Freunde, Verwandte…
Ich bin keiner, der in die Ferne schweift.
Ich neige dann zur Melancholie.

Reminiszenz:
Ich habe vorigen Abend gehört, dass Pilger mit Rollstühlen und schweren körperlichen Beeinträchtigungen unterwegs sind. Sie tragen zum Teil Prothesen. Aber sie laufen diesen Weg.
Respekt.
Es ist auch ein Pilger unterwegs, der sammelt alle Abfälle längs des Camino auf, die andere liegen lassen.
Schon erstaunlich.

In den Herbergen herrscht logischerweise keine Privatatmosphäre. Hin und wieder gibt es schon ein recht freizügiges Verhalten einiger Pilgerinnen und Pilger, was Kleidung, Auftreten und nächtlicher Lärm anbelangen.
Die Pilgerzeitung auf dem Camino funktioniert beeindruckend. Die meisten Informationen werden gespeichert und weiter gegeben.

2. Juni 09:15 Uhr.

Soeben habe ich mich von meinen Rasierern und meinem Schaum getrennt.

Ich packe den Rucksack. Zuviel unnötiges Gewicht. Es muss einfach sein. Rasiere mich ohnehin nicht. Weder Zeit noch Lust.

Wir fahren mit dem Bus nach Astorga. Bernd geht es besser. Aber er kann nicht gut laufen, mit Rucksack schon gar nicht. Er fühlt sich zu schwach. Das Gewicht würde ihn niederdrücken, die Anstrengung vielleicht einen Rückfall beschwören, den wir beileibe nicht riskieren wollen.

Ich werde keine Solo-Etappe hinlegen. Ich möchte ihn jetzt nicht allein lassen. Er ist körperlich und seelisch angeschlagen. Fühlt sich schlecht. Steht kurz vor einem Moralischen. Ich muss mich ihm zuwenden, ihm Mut zusprechen.

Seine Bekannte sagt, Tour abbrechen. Aber das werde ich auf keinen Fall.

Ich habe diese Krise überwunden. Ich muss Bernd bearbeiten. Kritische Phase. Vertraue aber auf mich. Auf die Kunst des Zuredens.

2. Juni 10:30 Uhr.

In Astorga soeben in einem Hostal ein Doppelzimmer bezogen.

25 Euro pro Mann und Nase.

Bernd geht es einigermaßen. Wir gehen jetzt in die Stadt. Er muss sich heute noch schonen. Wir werden uns einen weiteren Tag Ruhe gönnen.

Die Etappe wäre ohnehin nicht schön. Dicht neben stark befahrenen Straßen.

Morgen führt der Weg über einen Pass. Ich zweifele, ob Bernd das packen wird. Mal sehen.

Ich telefoniere mit meiner Frau. Sie meint, ich könne nicht abschalten. Ärger pur.

Vor ein oder zwei Tagen hatte ich nämlich bei Otti, der Lebensgefährtin meines Vaters, angerufen und mich nach dem 1. FC Saarbrücken erkundigt. Ich wollte wissen, ob der Verein in der Regionalliga verblieben oder abgestiegen ist.

Darauf spricht Moni mich jetzt auch an. Bin beleidigt. Keine Unterstützung. Lege auf. Werde mich so schnell nicht wieder melden. Auch keine SMS versenden. Ich werde mich still verhalten. Stille um mich. Einsamkeit um mich. Deckel drauf und zu. Ich möchte los jammern. Mich selbst bedauern. Aber ich tue es nicht. Bin Mann genug, das durchzustehen. Auch allein. Alle haben sie keine Ahnung zu Hause. Sie wissen nicht, wie ich mich manchmal fühle, wie mein Körper sich anfühlt, meine Seele, meine Füße.

Ich telefoniere mit meiner Schwiegermutter. Sie hat heute Geburtstag, freut sich, kann aber kaum sprechen. Sie ist heiser. Moni ist da. Möchte nicht mit ihr reden. Tue es auch nicht. Alte Sturheit, gepaart mit falsch verstandener Konsequenz und Disziplin. Ich war immer schwierig. Bin weiter schwierig. Bin auch ein schwieriger Pilger. Ich war nie ein gutes Medium. Bin zu autark. Zu realistisch. Bodenfest. Außer in meinen Gedichten, meiner Gedankenwelt, meiner Sensibilität.

Aber das werde ich jetzt nicht weiter beleuchten.

Wir sitzen an einer Plaza in Astorga und lästern über vorbeidefilierende Pilger. Das brauche ich jetzt. Das brauchen wir jetzt. Nur von uns selbst ablenken. Von Bernds Krankheit. Meinen Blasenfüßen. Meinen Schulterproblemen. Unserer Verlassenheit.

Palacio de Gaudi in Astorga

Irgendwie funktioniert das. Irgendwie schon. Außerdem macht es einen Riesenspaß, und ist der Gesundung Bernds mit Sicherheit nicht abträglich.

»Guck dir denne mol an. Der laaft, als hätter de Rucksack noch offem Rücke. Der schwebt jo fascht andächtiger wie e Engel«, predigt Bernd, und sieht schon gar nicht mehr so blass aus.

»Do hasch de Recht. Wie kammer nur so rum laafe«, entgegne ich, und es geht mir schon viel besser.

»Unn der do. Kann kaum noch krawwele, nur eiere. Awer die Füß duhter nett schone. Könnt sich jo mol hinsetze unn ausruhe, der Doofkopp.«

»Was wolle die dann all do? Es werrd doch nix umsonscht se trinke genn unn mir wisse nett Bescheed?«, sorge ich mich um mein wohl verdientes, imaginäres Freibier.

»Nee. Die sinn verückt, ehnfach nur verückt«, sagt Bernd lapidar, und meint es ganz genau so.

»Wie mir. Sonscht würde mer nett do sitze.«

»Guck dir denne mol an. Noch so geizisch zum Esse gehn. Liewer kaafter sich was inn, was nix koscht unn kocht in de Herbersch. Egal wie die Küch aussieht.«

»De Geiz pur guckt demm Schotte do doch aus de Aue.«

»Unn der do. Guck dir denne mol an.«

Wir lästern und lästern. Nicht sehr demutsvoll. Gebe ich zu. Aber es hilft uns. Zumal wir es gar nicht so meinen. Nur die Zeit damit totschlagen. Der Erfolg stellt sich schnell ein. Bernds Blässe ist völlig verschwunden. Er sieht wieder richtig gut aus. Natürlich nur im Rahmen seiner bescheidenen Möglichkeiten.

Entschuldige Bernd, ich fühle mich jetzt auch wieder wohler.

Nachmittags dann zwei Stunden Bettruhe. Geschlafen, geschrieben, nachgedacht, relaxed, geträumt. Später die Kathedrale von Astorga besichtigt. Sehr beeindruckend, sehr schön. Länger darin verweilt.

Wir lassen die Seele einfach baumeln. Es geht mir schon wieder gut.

An meinen Job im Landeskriminalamt habe ich bisher kaum gedacht. Ich bin so weit davon entfernt, dass ich sogar meine dienstliche Telefonnummer vergessen habe. Selbst das Universum ist mir jetzt irgendwie näher. Mit Bernd habe ich diesbezüglich auch ganz selten gesprochen. Was gibt es auch zu sagen, wenn der Weg eine zu klare Dominanz in unseren Köpfen einnimmt?

Bernd hat sich heute übrigens genauso über Reaktionen von zu Hause geärgert wie ich. Wir werden uns durchkämpfen, alter Kumpel. Ich gehe mit ihm dann in eine Apotheke. Er besorgt sich Lutschtabletten für den Magen, hat sie aber geschluckt, der Doofkopf.

»Du könnscht glatt e Pälzer sinn.«

»Schlimmer wärs, wenn ich Fieberzäppcher geschluckt hätt«, verteidigt er sich tapfer.

»Dann würdsch de wie e Glühwürmche jetzt anfange se glühe.«

»Unn dobei all die grässliche Zimmer unsrer Notunnerkunft in

Saint-Jean-Pied-was-wes-dann-ich scheen hell beleuchte, dass e gewisser Pilscher, off denne ich mim Ellbohe zeije könnt, nur so sei Freud hätt unn nett offem Boddem erumkrawwele müsst.«

»Jo, wenn de Has iwwer die Höh iss kommsch de off die Idee. Das würd ich dir zutraue, du Ersatzpälzer.«

»Du trauscht mir alles zu. Nur nix Guttes.«

Wieder sitzen wir auf der Plaza, schauen uns die Pilger an, diese *Rucksackterroristen*, wie wir sie spaßeshalber taufen. Wir laufen nicht, machen Pause, lästern.

Man erkennt sie schon von weitem. Sie sehen immer irgendwie gleich aus. Manche können sich kaum noch auf den Beinen halten. Andere laufen so vorn über gebeugt, als hätten sie den Rucksack bereits eine Etappe voraus geschickt, und wollten ihn so schnell wie möglich wieder auf ihren lädierten Rücken spüren. Sie können einfach nicht abschalten. Sie gehen kurz mal einkaufen, dann in die Herberge zurück, Herberge genießen. Sollen sie doch, wenn sie wollen, wenn sie können.

Später am Abend in der Bar unseres Hostals. Junge spanische Rekruten sind hier. Sie veranstalten einen Riesenlärm.

Ich denke an meine Bundeswehrzeit vor 30 Jahren. Seltsame Reminiszenz.

Auch damals habe ich mich oft einsam und verlassen gefühlt. Genau wie hier. Und nach Zuhause gesehnt.

Ich spreche mit Bernd über den ungestörten Informationsfluss auf dem Camino.

Wir befinden uns in der Tat auf einer Pilgerinformationsstraße.

Es gibt einige Berichte über Pilger, denen etwas Seltsames zugestoßen ist oder die sich merkwürdig benommen und aufgeführt haben.

Pilger, die auf dem Weg nach Santiago gestorben sind oder sich auf den letzten Etappen schwere Verletzungen zugezogen haben, die sie zur Aufgabe zwangen.

Eine Frau brach sich dieser Tage, nur noch wenige Meter von

Santiago entfernt, den Fuß, und musste ins Krankenhaus, ohne den Camino zu beenden.

Viele Fragen beginnen: »Hast du von dem Pilger gehört?...« oder »hast du ihn gesehen, kennst du ihn?...«

In der Tat lernt man schnell Pilger näher kennen und sieht sie oft während einer Etappe. Während vieler Etappen. Es ist ein immer wiederkehrender Zyklus.

Einige sind bis zu hundert Tagen und mehr unterwegs. Sie pilgern einfach so in den Tag hinein.

Man lernt auch Aussteiger kennen, Pilger, die sich eine Auszeit nehmen, um nachzudenken, zu verschnaufen, neue Kräfte zu tanken.

Kein seltenes, dafür aber einzigartiges Phänomen.

Wir sehen immer wieder Rückpilger. Sie nehmen den umgekehrten Weg. Warum, weiß ich nicht. Es muss doch unheimlich nervenaufreibend sein, jeden entgegenkommenden Pilger höflich zu grüßen. Aber es ist ein ungeschriebenes Gesetz. Das erwartet man einfach. Es gebietet die Achtung vor dem Camino, und nicht zuletzt der Respekt vor den Menschen, die diesen Weg gehen, um irgendwann den Pilgerstatus zu erreichen und anzukommen.

Und es sind Schwärme von Pilgern, denen man als Rückpilger begegnet.

Ich stelle es mir im Kopf immer wieder bildlich vor. Laufe all diesen Pilgerströmen entgegen. Man ist nie allein. Ständig schwadronieren sie im Pulk vorüber. Man kann nicht einmal heulen, wenn es einen übermannt, keine Selbstgespräche führen, singen, beten, fluchen, nicht einmal Einsamkeit genießen. Und immer wieder *bon Camino, bon Camino, bon Camino...*

Stereotyp. Irgendwann würde ich antworten: *Du mich a.* Und es würde aus vollem Herzen kommen.

Ich sehe viele Pilger auf Fahrrädern, einige mit Pferd, Esel, mit kleinen Karren oder Wagen, die den Rucksack transportieren.

3. Juni 2007 09:45 Uhr.

Mit dem Bus nach Ponferrada. Bernd fühlt sich für den Pass nach seiner Krankheit zu schwach.

»Es geht heit noch nett«, meint er traurig.

»Iss schunn okay. Kenn Problem.«

»Duht mer jetzt werklich leed. Du kannscht ruhisch eleen laafe.«

»Nee, kommt nett in Frage. Entwedder mir gehn sesamme odder mir bleiwe sesamme do.«

»Du bischt e echter Kamerad.«

»Do sahsch de mer nix Neies.«

»Konnt ich jo nett wisse.«

»Häsch de awer könne.«

»Mir mache uns heit noch e scheener Da. Unn morje geht die Poscht wedder ab.«

»Genau das mache mer.«

»Ebbes fehlt mer allerdings.«

»Was dann?«, frage ich vorsichtshalber nach, obwohl es sich mit an Sicherheit grenzender Wahrscheinlichkeit um eine Stichelei handelt, wie Bernd mich von der Seite verdächtig grinsend anschaut.

»Dei Klage. Schunn drei Da nix meh geheert.«

»Schisser.«

»Schisser kannsch de zu mir awer nett sahn«, entgegnet er mit breitem Grinsen, und ich weiß genau, auf was er anspielt.

»Ich hanns awer gesaht.«

Wir lachen. Ponferrada ist keine sehr schöne Stadt. Jürgen kennen gelernt, der mit im Bus war. Er ist aus Frankfurt und länger schon krank. Stimmbandentzündung. Möchte mehrere Etappen fahren. Er habe zwei Töchter in Kanada, sei zum zweiten Mal verheiratet, erzählt er uns. Und außerdem kenne er unseren Berliner Freund. Er sei mit ihm hinter Santo Domingo ein paar Etappen gelaufen. Ich kann es kaum glauben. Genau dort haben wir uns von Winfried getrennt.

Wie gesagt: *Pilger kennt Pilger.*

Wir suchen gemeinsam Quartier. Werden schließlich fündig. Für 19,50 Euro pro Mann. Den ganzen Nachmittag verbringen wir in der Altstadt. Wieder Pilgerlästern. Allerdings in abgeschwächter Form. Jürgen zuliebe. Der uns allerdings noch in dieser Übung übertrifft.

In einer Bar bekommen wir ein gutes Essen. Erstaunlich. So wie die Bar von außen ausschaut, eigentlich auch von innen. Kein großes Zutrauen in Küche. Aber keine Alternative. Nur diese Option. Überall liegen Essens- und Papierreste vor der Theke. Ordnung wie in einem Hühnerstall.

Bernd und ich amüsieren uns später dabei, unsere gebrauchten Servietten ebenfalls hemmungslos vor die Bar zu werfen. Das haben wir bis zum Schluss unserer Pilgerreise immer wieder getan und uns wirklich köstlich dabei vergnügt.

Machte einfach ungeheuren Spaß.

Aber gleichgültig: Hauptsache gut gegessen und satt geworden.

Wie die Saarländer so schön sagen: Hauptsach gudd gess!!!

Richtung Villafranca

Kurze Anmerkung:
Das muss ich an dieser Stelle einfach loswerden.
Unser Wanderführer über den Jakobsweg entspricht in einigen Punkten nicht der Realität. Denn der Jakobsweg ist nicht immer der wahre Jakob.
So stimmen Kilometerangaben oft nicht mit der Realität überein, und die Herbergen werden zum Großteil viel zu positiv dargestellt.
Von der Enge, dem Dreck und den gewöhnungsbedürftigen sanitären Verhältnissen ist nichts zu lesen.
Auch die so genannten Spezialitäten der betreffenden Regionen werden meines Erachtens über Gebühr behandelt.

Weitere Anmerkung:
Nach ca. zwei Wochen habe ich keine Lust mehr, täglich Tagebuch zu führen.
Ich bin während der Wanderungen oder abends in den Herbergen einfach zu kaputt, lustlos.
»Ich schmeiß es Tagebuch in die Eck unn rührs nimmeh an.«
»Mach kenn Unsinn. Noher bereuschde die Entscheidung.«
»Ich hann ehnfach kenn Luscht meh zum Schreiwe. Werrd mer alles zu viel.«
»Do mach ich a kenn Bilder meh.«
»Das iss unfair.«
»Mir hann vorher ausgemach: Ich Bilder, du Tagebuch.«
»Das iss ehnfach zu zeitintensiv.«
»Jetzt hehr off se jammere unn sei e Kerl. Steh zu deim Wort.«
»Du gehscht mer off de Nerv.«
»Ich muss dich zu deim Glück zwinge.«
»Du könnscht mim Moni vewandt sinn.«
»Jetzt wes ich ehrscht, was das arm Meede dehemm alles mitmacht.«
»Du nervscht.«
»Das hasch de ehwe schunn gesaht. Mach jetzt kenn Zicke. Das

Tagebuch werrd weider geschrieb. Wer wes, was mir noch alles erlehwe. Das soll doch unsrer Nachwelt erhall bleiwe.«

»Iss jo gutt. Rehsch dich ab. «

Und so tat ich, wie mir mit Nachdruck empfohlen wurde.

Und bin im Nachhinein auch dankbar dafür.

4. Juni 2007

13. Etappe Ponferrada – Villafranca del Bierzo

27 km

Sehr heißer Tag. Wolkenlos. Keine angenehme Strecke. Zuerst aus Ponferrada heraus. Dann oft direkt neben stark befahrenen Straßen.

Unsägliche Hitze, 36 Grad im Schatten, fast Windstille. Ziemlich fertig, physisch und psychisch. Ausgelaugt, Füße schmerzen wieder. Endloser Weg. Die Autos rasen wie die Doofen. Manchmal ganz knapp an uns vorbei. Dann endlich Abbiegen auf Feldweg. Es folgt ein schöner Abschnitt durch Weinberge und Wäldchen. Er will und will aber nicht enden. Er zieht sich wie Kaugummi in die Länge. Es ist ein gefährlich glatter Kieselweg mit großen Steinen. Man muss höllisch aufpassen, dass man nicht rutscht oder sich den Fuß verdreht, wie schon geschehen.

Wir gelangen wieder auf eine Asphaltstraße mit starkem Verkehr. Immer weiter führt der Weg unaufgefordert der Schmerzgrenze entgegen. Wir laufen ganz am Rand, um uns vor den Autos zu schützen, und unsere Füße auf der Grasnarbe neben der Straße zu schonen.

Jetzt biegt Gott sei Dank ein grobsteiniger breiter Pfad nach rechts ab. Wir überqueren die Straße, und lassen den Autoverkehr hinter uns.

»Gleich hammers, das kann nimmeh weit sinn«, erklärt Bernd frohgemut in Abwägung der Zeit, die wir schon unterwegs sind. Wir rechnen schon seit der ersten Etappe die gelaufenen Kilometer in Stunden, und können so ungefähr abschätzen, wie weit wir gegangen sind. Wir haben inzwischen ein Feeling dafür.

»Vegesses. Du wehscht doch wie sich die Wee do ziehe.«

Das war vor einer dreiviertel Stunde. Und noch immer sind wir nicht am Ziel. Wir sehen links eine Ansammlung von Häusern. Ziemlich weit weg.

»Das kann nett das Kaff sinn«, meint Bernd trotzig.
»Nadierlich isses das.«
»Nie unn nimmer. Das wär jo noch gutt iwwer enn Stunn se gehn.«
»Würd mich nett wunnere. So schnell wie du heit laafscht. Du parkscht jo regelrecht.«
»Schisser. Sa mir mol, was alles weh duht.«
»Schisser kannsch de zu mir awer nett sahn.«
»Doch.«
Bernd zieht dieses *doch* lange in die Breite und grinst mich dabei unverschämt an. Er spielt mit tödlicher Sicherheit auf meinen Toilettenbesuch in der Fabrik bei Leon an. Das fordert mich irgendwie heraus. Meine dunkle Seite kommt zum Vorschein.
»Kotzbrocke«, stichele ich.
Und ich spiele mit tödlicher Sicherheit auf seine Kübeleinlagen in San Martin del Camino an, als er danieder lag.
Meine dunkle Seite hat sich endgültig geoutet.

Templerburg in Ponferrada

»Das duht jetzt awer weh.«

»Dann musses emol weh duhn.«

Wir laufen immer noch. Füße platt. Völlig platt.

Wo bist du denn nur du herrliches Dorf? Warum versteckst du dich vor uns? Wo treibst du dich herum? Wir wollen dir doch nichts Böses, dir nur einen Besuch abstatten, sind zwei nette Pilger, die ein bescheidenes Quartier suchen.

Unser stilles Anflehen hat anscheinend Wunder bewirkt.

Denn soeben Herbergsschild gesichtet. Noch 200 Meter zu gehen. Jetzt stehen wir davor. Sieht nicht sehr einladend aus. Kurz entschlossen wollen wir uns nur einen Stempel holen. Nicht hier bleiben. Das müssen wir uns jetzt nicht antun.

»Du Luscht off do?«, fragt Bernd in Stenosprache. Wir haben heute ein besseres Quartier verdient.

»Kenn«, antworte ich genauso.

»Unn?«

»Unn was?«

»Was mache?«

»Wes nett.«

»Weider?«

»Jo.«

»Wohin?«

»Woannerscht.«

»Wo genau?«

»In Kaff.«

»Weller Wee?«

»Gradaus.«

»Direkt?«

»Jo.«

»Kenn Paus?«

»Nee.«

»Nee?«

»Nee.«

»Dann los.«

Gesagt, getan. Ab in das Dorf oder was auch immer da unten

liegen mag. Kann nicht weit sein, nur ein paar Meter. Das Schild *Villafranca del Bierzo* haben wir nämlich schon passiert.

Wir laufen durch den halben Ort. Dann wieder zurück in die andere Richtung. Wir suchen und suchen und kommen schließlich in einem Hostal unter.

Geduscht, Füße gepflegt, Wunden geleckt, ein wenig auf dem Bett gejammert, Wäsche gewaschen. Das Übliche eben. Hinzu kommen heute massive Nackenprobleme. Nur, damit ich es einmal erwähnt habe. Außerdem Gewicht verloren. Fühle mich schlapp und zerschunden.

Die Schultern sind von den Riemen des Rucksacks stark gerötet und leicht angeschwollen.

Nur um eine vollständige Diagnose von mir abzugeben, um es einmal erwähnt zu haben.

Morgen müssen wir einen schweren Pass gehen. Respekt davor. Aber wir haben die Pyrenäen hinter uns gebracht. Da wird uns auch das gelingen.

Ponferrada bis Santiago

Ein Storch ist heute ganz knapp an mir vorüber geflogen. Majestätischer Anblick.

Villafranca del Bierzo ist ein ganz angenehmer Ort. Aber nicht zum Leben. Ich möchte in ganz Spanien nicht leben.

»Das do Kaff iss noch enns von de bessere. Hier könnt mans e Zeitlang aushalle.«

»Awer nett länger«, bemerkt Bernd trocken.

»Ich hann schunn schlimmere Kaffs gesiehn.«

»Wo ich beerdischt werre wollt. Kannsch de dich erinnere?«

»Jo. Wie de danieder geleh bischt.«

»Mann, iss mir do dreckisch gang.«

»Unn ich hammer mol eleen so e richtisch scheener Bernd freier Da gemacht.«

»Nüssje.«

Wir waren soeben essen. Ganz gutes Menü für zehn Euro.

Aber wie gerne würde ich einmal frisches Gemüse und eine deftige Soße genießen.

Gerhard wieder getroffen. Saß vor Restaurant mit bekannten Pilgern.

Viele Pilger sind sehr genügsam, wie mir heute wieder auffällt.

Sie gönnen sich nicht einmal ein Abendessen in einem Restaurant. Sie laufen an uns vorüber auf der Suche nach einem Geschäft, kaufen bescheiden ein, gehen wieder in die Herberge zurück, essen die kalten Speisen, oder kochen unter primitiven Umständen.

Dann legen sie sich zeitig zu Bett, um morgens wieder früh aufzustehen, und solche Pilger wie wir, die wenigstens einmal bis sieben Uhr ausruhen möchten, vom Schlaf abzuhalten.

Um 20:00 Uhr schon zurück im Hostal. Kopf müde, Fuß müde, Seele müde. Ich lese Bernd mein Tagebuch vor. Keine Nachricht von Zuhause.

5. Juni 2007

14. Etappe Villafranca del Bierzo – La Faba

23 km

Sehr früh auf. Um sieben Uhr abmarschbereit. Geduscht, Magnesium zu mir genommen, Sonnencreme aufgetragen, Blasen gepflastert, Hut übergestülpt. Körperlich geht es mir ganz gut, seelisch bescheiden. Gestern Abend von unruhigen Hunden in den Schlaf gebellt. Die ganze Nacht über. Nicht viel Ruhe gefunden. Immer wieder wach. Der Weg nach La Faba ist nicht besonders einladend. Wieder nur Asphaltweg direkt neben stark befahrener Straße. Viele Kilometer lang.

Unterwegs in einer Herberge einen Stempel geholt. Dann weiter in Richtung Pass.

Wir reden und reden auf dieser Etappe. Schlagen die Zeit damit tot. Und kommen dann irgendwann irgendwo an, biegen links in einen Feldweg hinein. Das letzte Stück nach La Faba ist sehr steil. Schwieriger Kieselsteinweg.

»Och, das muss jetzt awer nett sinn«, beklagt sich Bernd, der offenbar keine Lust verspürt, diesen Berg zu erklimmen.

»Nee, werklich nett. Awer was muss das muss.«

»Jo, Herr Oberpilscher.«

»Wennsches nett packe duscht trahn ich dich ehwe.«

»Schisser, du im Lehwe nett. Hascht doch iwwerall Schmerze. Schunn vegess?«

»Wenn ich owwe ankomm, trink ich zwei odder drei Runde unn wart off dich.«

»Wenn de ankommscht, wo dich doch dei ganz vebauter Adoniskörper zwickt.«

»Mir geht's heit gutt.«

»Frot sich nur wie lang.«

Mit hoch erhobenem Kopf schließlich den Anstieg gemeistert. Kondition sehr gut. Mein Jakobsbruder ist nicht weit hinter mir.

Er hat sich mächtig ins Zeug gelegt. Zufriedenheit hat einen Namen: Bernd und Klaus.

Die Füße sind heute übrigens leidlich. Gesamtbefinden okay. Ein guter Tag zum Wandern, ein guter Tag im Pilgerleben.

Wir befinden uns jetzt in der autonomen Republik Galicien. Und in Galicien gibt es nur ein Ziel: Santiagoooooo.

Wir hatten großes Glück, dass wir nicht zum O Cebreiro gelaufen sind.

Herberge da oben ist geschlossen. Sie wird renoviert. Es stehen nur Container zur Verfügung. Container neben Container. Furchtbar steril.

Der Herbergsvater in La Faba heißt Georg und ist Deutscher.

Er sagte, *Jakobus war mit euch.*

Ich glaube ihm jedes Wort.

Unterwegs haben wir heute viel gerastet. Wo es uns gerade gefiel. In wahrer Fatalismusmanier. Das hat gut getan.

Richtung Sarria

Wir treffen einen erfahrenen Pilger, einen Bayern, der den Camino schon rauf und runter gegangen ist. Er schimpft wüst los über dieses Pilgerrennen. Er lässt kein gutes Haar am Camino. So etwas habe er noch nicht erlebt. Es hätte Zeiten gegeben, da sei er hier allein unterwegs gewesen. Heute könne er sich noch nicht einmal abseits des Camino in eine Wiese legen. Schon würde er vom Lärm der Rucksackträger geweckt werden. Er schimpft uns eine Runde zuviel, schließlich sind wir gerade auf dem Weg zum Pilgerstatus, und erwarten in absehbarer Zeit die Absolution.

So verlassen wir ihn mit einem Vorwand.

Später treffen wir ihn wieder, sprechen aber nur kurz miteinander.

Ich teile die Pilger inzwischen in vier Kategorien ein:

5-Uhr-Pilger (Bettjäger)
7-Uhr-Pilger (Normalpilger)
8-Uhr-Pilger (das sind wir Spätpilger!)
Profipilger (genießt einfach nur!!!).

In mein Tagebuch schreibe ich:

Der Weg bis hierhin
war hart

Er hat uns belastet
geärgert
gedemütigt
verwundet
getröstet
entzückt

Uns unsere Grenzen
aufgezeigt

Wir lieben ihn
weil er uns bis Santiago führt

Warum wir ihn gehen
wissen wir noch nicht

Aber dort angekommen
werden wir uns so bald nicht wieder sehen.

Bon Camino.

Eine Pilgermesse findet um 20:30 Uhr statt. Ich werde von der Herbergsmutter, die auch Deutsche wie ihr Mann Georg ist, gefragt, ob ich einen Beitrag zur Messe leisten könne. Werde versuchen, meine Kreativität, die auf die Tagebucheintragungen fokussiert ist, zu reanimieren.

Vor der Messe haben wir in einer Bar gegessen. Hervorragendes Fleisch. Zum ersten Mal. Ich bin angenehm überrascht.

Am Liebsten hätte ich mir dieselbe Portion noch einmal bestellt.

Bis hierhin 317 Kilometer gegangen.

Durch Logrono, Burgos, Leon, Astorga und Ponferrada sind wir ungefähr fünfzehn Kilometer gelaufen, weil wir jeweils von den Busbahnhöfen längere Strecken zurücklegen mussten, um den Camino zu erreichen, respektive die Quartiere in der Peripherie lagen, und wir nicht zuletzt auch aus Kostengründen bewusst Umwege in Kauf nehmen wollten.

Insgesamt haben wir jetzt also 332 Kilometern hinter uns gebracht.

Kleine Anmerkung am Rande: Wir haben bisher kein Pilgerfasten veranstaltet, sondern auch mal gelebt.

Am Abend zelebriert Pater Reinhold Maise dann die Messe.

Bernd kennt einen Pfarrer aus Völklingen, den Reinhold auch kennt. Komische Zufälle.

Und Bernhard Scholly, mein Nachbar gegenüber, der gelegentlich in seiner gütigen Erzieherart zum Garagenfreibiertrinken einlädt, arbeitet im Palottihaus in Neunkirchen, und Pater Reinhold ist mit seinem Chef befreundet. Wie gesagt, die Welt ist klein.

Die Messe ist sehr feierlich. Die Herbergsmutter begrüßt uns. Liest einen Text aus der Bibel in deutscher Sprache. Der Pater sitzt vor uns. Erhebt sich, liest ebenfalls einen Text, der von der Tradition des Pilgerns handelt.

Wir hören aufmerksam zu. Die Pilgergemeinde singt. Irgendein Lied aus dem Gesangbuch. Klingt nicht einmal schlecht.

Der Pater liest einen Bibeltext. Bittet darum, über diesen Text nachzudenken und zu schweigen. Dann fordert er die Pilger auf, wenn sie etwas zu sagen hätten oder irgend einen Wunsch äußern wollten, dies jetzt zu tun. Das würde die Seele von etwaigen Altlasten befreien. Man könne und solle sich frei reden in einer Gemeinschaft, und müsse nicht aus seinem Herzen eine Mördergrube machen. Ein Mann und eine Frau melden sich. Bitten um ein Gebet für ihre kranken Angehörigen. Berichten kurz über die Leidensgeschichte derselben. Wir hören betroffen zu.

Daraufhin leisten einige Pilger ihren Beitrag.

Ein Franzose singt, andere lesen ihnen zugewiesene Texte vor.

Später stehen wir im Kreis, halten uns die Hände.

Ich beginne mit meinem kleinen Gedicht:

Der Weg führte uns hierhin
Er machte bisher durchaus Sinn

Wir mussten einiges erleiden
Es gab ganz harte Zeiten

Unsere Füße wollten nicht mehr
Wir spürten die Schmerzen doch sehr

Aber es blieb uns keine Wahl
Weil Jakobus es so befahl

Wir nehmen an
Diese Zeit ist nicht vertan

Sie lehrt Entbehrung und Demut
Auf unserem Rücken der Rucksack, auf dem Kopf der Hut

Dies alles weist uns als Pilger aus
Liebe Grüße aus dem Saarland von Bernd und Klaus.

6. Juni 2007
15. Etappe La Faba – Triacastela

26 km

Auf der Strecke, die sehr hügelig und daher recht schwer ist, überholen wir zwei Pilgerinnen, die ihre Rucksäcke eine Etappe vorausgeschickt haben.

Ich laufe an einer vorbei und frage recht pilgerironisch: »Na, Rucksack vergessen?«

Kommt nicht sehr gut an. Miesepetrige Gesichter. Wir gehen schnell weiter. Ein langer stetiger Aufstieg.

Das Wetter ist schön, aber es ist sehr windig. Jacke an, Jacke aus, Jacke an, Jacke aus. Das nervt gewaltig. Denn immer wieder muss man den Rucksack abstellen. Und dann wieder überstreifen. Zum Teil sind die Anstiege hart. Aber wunderschöne Landschaft. Es geht weit hinauf.

Bernd meint: »Mir sinn jetzt so gut droff, wemmer näkscht Woch lande, laafe mer von Hahn bis hemm.«

»Awer rückwärts«, entgegne ich lachend.

Ganz oben verlaufen wir uns das erste Mal.

Romana, eine Pilgerin, die wir länger schon kennen, ist dabei. Sie führt uns auf den falschen Weg. Wir laufen etwa 500 Meter. Dann bemerkt sie, *eigentlich müssten wir die Sonne ja im Rücken haben.*

Recht hat sie. Also umdrehen, die andere Richtung nehmen.

Wir landen direkt vor einer Bar.

Danke liebe, allerliebste Romana, die haben wir gesucht.

Die meisten Bars sind ganz okay. Sie haben oft schöne verzierte Holzdecken, geflieste Böden, Sandsteinwände und Theken verschiedener Aufmachung, lange Büfetts.

Diese Bar ist allerdings etwas kleiner, ein Verkaufsladen befindet sich direkt nebenan.

Wir trinken zwei Cafe con leche grande. Fahren stets gut damit.

Als wir die Bar verlassen, weht ein eiskalter Wind. Schnell wieder die Jacke an. Sonst erfrieren wir.

»He, simmer do am Südpol? Das gibt's doch nett.«

»Wenn dir e paar Eisbäre iwwer de Wee laafe, hammer uns velaaf.«

»Gibt's die nett am Nordpol?«

»Kenn Ahnung. Awer mir sinn do a nett am Nordpol. Brauchscht also kenn Angscht se hann.«

Wir verlaufen uns nicht, gelangen zunächst auf eine Landstraße, dann biegen wir auf einen Feldweg ab, gehen einen leichten Pass hinauf und sichten Radfahrer, die sich mit einem Bus auf diesen Berg fahren lassen, um dann den schwierigen Abstieg hinunter ins Tal auf der Hauptstraße zu wagen. Gekonntes Manöver.

Ganz toll. Weicheier.

Kapelle in La Faba

»Mennsch, sinn die tapfer.«

»Lasse sich noher als Helde unne feiere, die Nüssjer«, bemerkt Bernd galant.

Wir sprechen schon eine Weile von Himmel und Hölle. Die Philosophie hat uns eingeholt.

»Wo issen de Himmel?«, fragt Bernd.

»Kenn Ahnung. Awer wenn die Erd e Glasscheib wär, könnt ich alle Fraue vunn Australie unner die Röck gucke.«

Bernd jodelt los. Keine Pilgerdemut. Muskelkater der Lachreserven.

Seit ich den Camino gehe, begleiten mich Schnupfen und Nasenbluten, fällt mir gerade auf. Denn ich muss vor lauter Gekicher meine Nase putzen. Natürlich blutet sie wieder.

Ich habe übrigens gestern die alte Frau gesehen, die in Fonfria, einem schrecklichen Nest mit nur wenigen Häusern, das eine Etappe hinter uns liegt, auf Pilger wartet, und ihnen für 1 Euro Pfannkuchen verkauft.

Schönen Gruß an Patrick.

Auf dem Höhenweg nach Triacastela steht plötzlich eine Leitplanke mitten in der Landschaft. Offenbar als Symbol gedacht für das unangenehme Pilgerwettrennen auf dieser Pilgerautobahn. Nette Geste.

La Faba

Die Spanier denken mit. Sind sowieso gewitzte Leute. Tröstet mich über einiges hinweg.

»He, guck dir das emol an. E Leitplanke. Direkt am Wee. Steht do wie e Weihnachtsgeschenk.«

»Dass de nett de Hang do runnerfallscht. Bischt doch immer schwindlisch«, erwidert Bernd.

»Irgend e Sinn muss jo dehinner stecke«, möchte ich ihm Gelegenheit geben, in meiner übermächtigen Gegenwart zu glänzen.

»Weil die Pilscher all vorbeirenne, du Schnellmerker. Kenner hat Zeit, sich die Landschaft ansesiehn. Das iss de Grund.«

»Respekt, Herr Schmidt. Die Weitsicht hätt ich dir gar nett zugetraut.«

»Mann soll die Leit nett unnerschätze.«

»Nee, dich kammer nett genunk unnerschätze.«

Der Weg ist jetzt unbeschreiblich schön. Phänomenal. Weite Sicht, Panorama bis zu 100 Kilometer und mehr, schätze ich. Man sieht Berge und Täler.

Es ist schwer, dies alles in sich aufzunehmen.

Der Anblick schmerzt fast, so malerisch ist er. Könnte alles um mich herum vergessen, mich hierhin setzen, ein Kasten Bier dazu stellen, und langsam alt werden.

Wir gehen ganze drei Pässe bei der heutigen Etappe. Zum Teil wirklich anstrengend mit steilen Anstiegen. Die Füße schmerzen wieder. Wir sind acht Stunden unterwegs, dann kommen wir endlich in Triacastela an.

Den ganzen Tag sind wir hungrig gewandert. Eine gewisse Unzufriedenheit, die damit einhergeht. Ständig denkt man ans Essen, das Wasser läuft einem im Mund zusammen.

»Ich hätt jetzt grad Luscht off e Roschtwurscht. Unn wenner vebrennt wär.«

»Der könnt sogar vekohlt sinn. Ich würd trotzdem eninn beiße«, setzt Bernd noch einen drauf.

»Ich glab, wenn de offem Camino e Bud offmache würdscht, könnsch de e reicher Mann werrre.«

»Wieso issen do eigentlich noch kenner druff komm?«

»Kenn Ahnung. Awer ich mach dir e Vorschlag: mir gründe e Roschtwurschtkett am Camino entlang. In e paar Johr simmer gemachte Männer.«

»Unn dann schmeiße mir die Awett hin, trete de Chefs in de Hinnere, werfe de Computer ausem Fenschder, vebrenne unsere Chipkart, unn alle könne uns emol.«

Wir philosophieren noch eine Weile diesbezüglich vor uns hin, analysieren unsere Erfolgsaussichten, malen aus, überzeichnen, fantasieren, spinnen, labern, träumen, lachen, schimpfen, und suchen uns dann eine Privatunterkunft.

Sie ist ganz okay. Und billig. 12 Euro pro Mann.

Bis hierhin sind wir zu diesem Zeitpunkt 358 Kilometer gegangen.

Abends im Zentrum von Triacastela.

Der Pater und die Chefsekretärin des Palottinerordens sind zugegen und essen mit uns. Außerdem Deutsche, der Österreicher Gerhard, der Holländer Wim mit seiner Frau, die wir in La Faba kennen gelernt haben, ein, zwei andere Pilger, die ich nicht ganz so gut kenne.

Es ist eine lustige Runde.

Wir bleiben lange sitzen.

Ich habe übrigens wieder Kontakt mit meiner Familie.

Habe Elisa gebeten, uns in Santiago ab Mittwoch ein Zimmer mit zwei Betten zu buchen.

7. Juni 2007

16. Etappe Triacastela – Sarria

22 km

Abmarsch gegen 08:30 Uhr.

Schönes, aber zu heißes Wetter. Anfangs steil bergauf. Atemberaubende Weitsicht. Herrlicher Höhenweg. Sehr abwechslungsreich. Weite Täler unter uns. Blumen, wie man sie in Deutschland auf keinen Wiesen mehr sieht. Mohnblumenfarbenpracht. Unbeschreiblich. Ganz weite Felder. Ein herrlicher, gigantischer Anblick. Traumhaft beruhigend diese Landschaft.

Triacastela

Wie im Trancezustand laufen wir den Weg. Im Einklang mit unseren Gefühlen, unseren Empfindungen. Phänomenal. Beeindruckend. Keine Steigerung möglich. In bester Staubsaugermanier nehmen wir alles in uns auf, speichern die Eindrücke in unserem Gedächtnis als Aufmunterung für traurige Tage.

Wir schauen und schauen. Und registrieren. Sind dankbar. So ein Panorama wird uns so schnell nicht wieder geboten werden.

Wir essen in einem Campingrestaurant zu Mittag. Das zieht sich ein wenig hin, da gerade eine Lebensmittelkontrolle stattfindet. Wir nehmen das gerne in Kauf. Unser Essen wird bestimmt nicht schlechter davon. Es schmeckt dann auch ganz passabel.

Wir kommen gegen 15:30 Uhr in Sarria an. Sarria ist eine hässliche und unübersichtliche, hektische Stadt. Wir begeben uns auf Quartiersuche. Sie gestaltet sich ziemlich schwierig. Wir laufen ein paar Straßen, dann wieder Querstraßen. Nichts. An einem Geldautomaten bessere ich mein Taschengeld auf. Dann weitere Suche.

Wir kommen schließlich zufällig an einer Bar vorbei, da steht *Etablissement.* Das kenne ich ja nun. Ich frage den Barmenschen in perfektem Steno-Englisch: »One room, two bed?«

Er versteht nicht.

Ich bemühe meine bis jetzt durchaus erfolgreich praktizierte, allgemein verständliche, kreativ logische Gestik, indem ich auf Bernd und mich zeige, den Kopf etwas schräg platziere, und meine flache rechte Hand ans Ohr führe.

Nach getaner Arbeit halte ich den Daumen derselben Hand vor den erstaunten Augen des Mannes hoch und sage erwartungsfroh: *One night.*

»Si, si«, sagt der Senor jetzt, nimmt einen Zettel zur Hand, malt darauf ein Quadrat, darin zwei Betten, und den Preis von 12 Euro, den er mit einem Pfeil zu jedem Bett führt. Auch nicht schlecht Herr Specht. Ich sage: »Si«, und der Senor schickt eine Signoritta mit Schlüssel zu dem gewünschten Etablissement. Wir folgen ihr 300 Meter weit. Gelangen an ein riesiges Haus, zum Teil noch nicht ganz fertig an der Fassade. Aber das kennt man ja schon in Spanien.

Das etwas grotesk aussehende Bauwerk sieht von außen nicht besonders einladend aus. Wir gehen trotzdem ein Stockwerk hoch, öffnen die Tür – und haben die ganze Etage für uns. Zwei

Toiletten, zwei Bäder, sogar eine Küche mit Balkon und Wäscheleine. Und das für diesen Billigpreis.

»E Domizil ganz für uns eleen.«

»Das glab ich jetzt nett. Ich hann schunn es schlimmste befürcht, wie das Haus von auße aussieht. »

»Iss doch manierlich. Odder?«

»Super. Besser konnts gar nett komme.«

»Do könne mer jetzt die Wutz raus lasse.«

»Was nützt das, wenns kenner mitkriet?«

»Do hasch de a Recht. Benemme mer uns ehwe wie richtische Pilscher.«

»Unn wie benemme die sich?«, orakelt Bernd.

»Früh ins Bett unn früh off. Dazwische laafe, wasche, dusche, schwättze, nohdenke, meditiere, esse unn trinke. E scheen Lehwe. Odder etwa nett?«

»Wenn das mim ständische Laafe nett wär.«

»Heer off dich se beklage, Pilscher Bernd Schmidt, der du inzwische fascht e wahrer Pilscher wohr bischt.«

»Ich gehn jo schunn in mich.«

»Du werrscht doch nett noch klenner werre.«

»Rindvieh.«

»Sieht so Demut aus?«

Natürlich fassen wir die Gelegenheit beim Schopf und veranstalten großen Waschtag. Anschließend duschen wir, schmeißen uns in Schale, und gehen in die Stadt. Sarria ist eine recht große, und wie schon erwähnt, ziemlich hässliche Stadt. Nur an der Promenade ist es einigermaßen auszuhalten. Wir bleiben eine Weile sitzen, trinken ein paar Cerveza, und gehen wieder zurück. Sehen einige bekannte Pilger. Sprechen kurz mit ihnen.

Heute ist Fronleichnam. Normalerweise Familientag. 380 Kilometer haben wir bis hierhin zurückgelegt. Noch etwas mehr als 120 Kilometer bis Santiagooooo.

Eine SMS von Kollege Stefan Schütz erhalten: *Jeder Weg ist nur halb so lang, wenn man einen guten Freund dabei hat.* Danke, Stefan. Für deine Nachrichten und Gedanken, die uns begleiten und helfen, diesen Weg zu bestehen. Wir laufen ihn auch für dich. Du bist stets bei uns.

Eine weitere SMS von meinem »Highlander« Wolfgang Troitzsch: *Quäl dich du Sau.* Er spielt damit wohl auf die moralisch-geistreiche Unterstützung und Aufmunterung Jan Ulrichs durch seinen Teamkollegen während der Tour de France 2006 an. Danke Wolfgang, ein echtes Highlight, das hat mir gut getan.

Wir haben übrigens den Bettler wieder getroffen, der uns schon den ganzen Camino begleitet. Er bettelt sich von Etappe zu Etappe durch. Ist allgemein bekannt. Jeder gibt ihm eine Kleinigkeit. Und er kann davon leben.

In einer Bar gestern im Zentrum von Sarria, fällt mir jetzt gerade ein, stand ich plötzlich vor einem Plumpsklo. Schrecklich. Man muss schon starke Nerven haben.

Ich habe vorgestern zufällig erfahren, dass ein blutjunger Amerikaner in La Faba in einem Hochbett nach durchzechter Nacht einer deutschen Pilgerin auf den Rucksack kübelte. Ich möchte mir jetzt ganz bewusst nicht vorstellen, wie ich an ihrer Stelle reagiert hätte. Ich befürchte, ich hätte augenblicklich meinen Pilgerstatus verloren.

Ich erinnere mich gerade an folgende lustige Episode in der Herberge von La Faba:

Ich musste morgens auf die Toilette. Sie war natürlich besetzt, da es insgesamt nur zwei WC´s für 40 Pilger gibt. Ich wollte die Wartezeit damit verkürzen, mir am Waschbecken in dem Raum davor die Zähne zu putzen. Just in dem Augenblick, als auf der Toilette der Abzug betätigt wurde, worauf ich schon gar nicht mehr zu hoffen wagte, solange hielt der Toilettenpilger seine Sitzung ab, betrat der nächste Kandidat den Waschraum und lief direkt zum Toilettenhäuschen durch. Ich konnte gar nicht mehr reagieren, hatte den Mund voll Zahnpasta, war stinksauer. Aber wie sollte der Durchlaufpilger auch wissen, dass ich mich für den designierten Nachfolger des ewig Sitzenden hielt?

Ich musste im Nachhinein sogar darüber lachen.

Nach dem schweren Aufstieg zum Alto do Poio

8. Juni 2007
17. Etappe Sarria – Portomarin
24 km

Heißer Tag, aber wolkenbedeckter Himmel. Wir laufen erst um neun Uhr los. Die Strecke ist sehr schön, abwechslungsreich, keine anstrengenden Wege. Dann eine Abzweigung. Den gelben Pfeil haben wir schon gesichtet.

»Guck emol e Esel, mitte offem Wee.«

»Wenn der störrisch iss, komme mer nett vorbei«, bemerkt Bernd in seiner trockenen Art.

«Do haue mer demm de Stock off de Boppes. Do machder schunn Platz.«

Kurz vor dem Esel stellt sich heraus, dass der Esel gar kein Esel ist, sondern ein riesiger Hund, wie ich bisher noch keinen gesehen habe.

»Das gibt's doch nett. Was issen das für e Kalb?«

»Nett hingucke. Sonscht fühlt er sich bedroht. Ehnfach weiderlaafe«, sagt Bernd, der selbst einen Hund hatte, und deswegen glaubt, die Situation richtig einschätzen zu können.

Mutigerweise wechsle ich die Straßenseite, so dass ich Bernd zwischen mich und das Riesenbaby bringe. Er hat schließlich Hundeerfahrung.

»Wenn der jetzt Luscht off e Pilschermenü hat?«, frage ich Bernd ängstlicher als ich witzig bin.

»Kann ich mer nett vorstelle, so wie das immer schmeckt.«

»Veleicht hat der Köter do annere Geschmacksnerve.«

»Wenn das so iss duhn ich dei Kadaver unner de Stehn dort iwwe begrawe.«

»Awer später dann nett erzähle, dass ich die Stroßeseit gewechselt hann. Ich will für mei Nachwelt mutig ausem Lehwe geschied sinn. Iss das klar?«

»Nadierlich, du Nüssje.«

»Nüssje kannsch de zu mir awer nett sahn.«

»Dann nemm ichs zerück.«

Wir sind glücklicherweise störungsfrei an dem Riesenkalb vorbeigekommen. Es hat uns nicht einmal angeschaut, uns vollkommen ignoriert. Wahrscheinlich schmeckt ihm Pilgermenü tatsächlich genauso wenig wie uns.

Der Weg zieht sich wieder einmal unbeeindruckt dahin.

Kurz vor Portomarin steiler Abstieg über Kieselstein und Asphalt. Beinahe gestürzt.

Wir laufen jetzt durch einen seltsam anmutenden, verlassen aussehenden Weiler mit zwei Häusern, drei Hunden, vier Katzen, fünf Kühen und sechs Hühnern.

Bei Kilometer einhundert schicke ich Stefan Schütz eine SMS.

Stell schon mal den Sekt kalt.

Es ist ein ergreifendes Erlebnis, unter die Hundert zu kommen. Wo wir bei Achthundert angefangen haben. Wir lassen uns von Pilgern fotografieren. In Gedanken bin ich schon in Santiago.

Wir sind stolz auf unsere bisherige Leistung.

Noch 100 Kilometer bis Santiago

Mittlerweile sind wir schon erfahrene Pilger. Wir können Pilger von Pilgern unterscheiden. Es gibt ja diese Hundert-Kilometer-Pilger, die nur losziehen, um zu Hause damit anzugeben. Ich kann sie leicht von den anderen Pilgern selektieren. Sie wirken stets frisch, sehen gepflegt aus, tragen keine Funktionswäsche, keinen Bart, kleine Rucksäcke, gehen ohne Stock, bleiben immerzu stehen und fotografieren, schauen sich alles zehnmal an, und legen auf jede Grenzmarkierung einen Stein.

Das alles unterscheidet sie von einem Profipilger.

Im Grunde komme ich mir immer näher, ich weiß jetzt, was ich zu leisten im Stande bin. Ich nehme mich so wie ich bin. Auch wenn ich jammere. Es gehört einfach dazu. Ist ein Teil von mir. Trotzdem bin ich diszipliniert und laufe.

Ich höre immer mehr auf meinen Körper, sehe in ihn hinein. Schwachstellen lote ich sofort aus, versuche vorausschauend zu sein.

Dieser Camino prägt mich. Das ist keine Frage. Die letzten Etappen in Galizien haben uns für vieles entschädigt. Sie haben mich teilweise beglückt. Haben mir mein Lebensgefühl wieder gegeben. Blut zirkuliert in meinen Adern. Ich höre es fließen. Es schmerzt, diese Landschaft in sich einzusaugen. Ein ekstatisches Gefühl.

Portomarin ist ganz angenehm mit einem schönen Stausee.

Wir müssen zum Schluss der Etappe eine lange steile Pilgertreppe hochgehen, um den Ort zu erreichen.

»Das iss jetzt nett werklich gutt«, meint Bernd.

»Komm schunn, das muss awer sinn.«

»Unn was *sinn mutt datt mutt sinn.* Mennsch de das?«

»Jo, genau das menn ich.«

»Hann ich mers doch gleich gedenkt.«

»Jetzt iwwertreib mol nett.«

Wir lachen ausgelassen. Überstrapazieren unsere Lachmuskeln. Sind im Lachnirvana angelangt.

Ein Mann geht an uns vorüber. Er sucht, wie es aussieht, auch eine Unterkunft. Wir sprechen ihn an. Hoffen auf Erkenntnisse bezüglich einer Übernachtungsmöglichkeit. Er antwortet in gebrochenem Deutsch: »Ich Franzose und kaputt. Nur noch aus Hitze raus. Schlafen. Sonst nichts.«

Wir marschieren weiter und schauen von einer ziemlichen Anhöhe auf den Stausee hinunter. Nicht ein einziges Boot oder Schiff. Kann mir das nicht erklären.

Anruf meiner Tochter. Sie hat in Santiago ein Doppelzimmer für uns gebucht. Von Mittwoch bis Samstag.

Wir finden Quartier in einer Pizzeria für 20 Euro pro Person. Ziemlich teuer. Aber es ist heiß, wir sind müde. Keine Lust mehr, länger zu suchen. Jetzt werden wir zuerst einen Stempel holen und dann duschen gehen.

Anschließend essen.

Bis Santiago sind es noch rund 96 Kilometer.

In fünf Etappen müssen wir sie bewältigen.

Pro Etappe also etwas weniger als 20 Kilometer.

Vielleicht gehen wir morgen aber etwas länger, um nicht in irgendeinem abgelegenen Kaff zu landen. Herbergen wollen wir fortan meiden.

Soeben haben wir Hermann und Danuta kennen gelernt. Sie werden am 13.6.2007 in der Kathedrale von Santiago heiraten. Hermann erzählte seiner zukünftigen Braut erst auf dem Camino von seinen Hochzeitsplänen. Er war vier Wochen vorher mit dem Rad hier unterwegs, und hat alles gründlich bis ins kleinste Detail vom Hotel und Unterkunft bis zu den Hochzeitsfeierlichkeiten in der Kathedrale perfekt organisiert. Wir können es kaum glauben. Es wird ein schöner, lustiger Abend.

Hermann besitzt eine Skischule in Obertauern. Er kennt den Saarländer Werner Zimmer persönlich gut. Viele Prominente wie Beckenbauer, Seeler, Ribeck, der sich übrigens als Trauzeuge anbot, was Hermann aber dezent ablehnte, weil er sich nichts mehr als eine Pilgerhochzeit wünscht, sind mit ihm befreundet. Er ist wie sie Mitglied des berühmt-berüchtigten Promiclub der Schneeforscher. Hermann ist außerdem Marathonläufer, Mountainbiker. Er war lange in Südamerika, durchquerte das Land

4.500 Kilometer von einem zum anderen Ende, und schrieb ein Buch darüber. Er hält oft Vorträge. Im Sommer betätigt er sich als Bergführer.

Hermann ist ein Ausnahmemensch, sehr offen, nett und warmherzig.

Danuta ist Redakteurin beim SWR. Sie wohnt in Baden-Baden, und ist ebenfalls ein außergewöhnlich liebenswerter Mensch.

Auch den Holländer Wim mit seiner Frau Elli treffen wir an diesem Abend. Wir haben uns immer wieder gesehen und gesprochen. Zum ersten Mal begegnen wir Rudi, Dagmar und Margret, die uns später nach Santiago begleiten. Auch Pater Reinhold und Elisabeth, Gerhard der Österreicher, und ein Pärchen aus Schwaben sitzen bei uns. Eine lange Runde. Pilgergemeinsamkeit. Sehr ordentlich. Wir stellen immer wieder Stühle an.

Pater Reinhold schreibt einige Karten. Als er geht, lässt er sie alle liegen. Bernd und ich suchen später einen Briefkasten und werfen sie ein.

Aber vorher leiste ich mir den Spaß, nehme eine Karte, allerdings mit der Beschriftung nach unten, und lese im Scherz: »Hallo liebste Caroline. Mein ein und alles. Zwei Wochen ohne dich sind kaum zu ertragen. Ich vermisse die zärtlichen Stunden mit dir…«

Natürlich die Lacher auf meiner Seite. Einige Pilger können sich gar nicht mehr beruhigen. Wir sind mittlerweile allzu nahe am Humorbrunnen gebaut. Vor allem abends nach den Wanderungen.

»Immer die Saarlänner do, die rauliche«, bemerkt einer in gutem saarländischen Dialekt. Das muss man ihm lassen.

»Do iss wennischtens was los«, erwidert Bernd.

»Gutt, dass mer uns hann, mei Alder«, klopfe ich meinem Jakobsbruder selbstverliebt auf die Schulter.

»Jo, proscht, so jung komme mer nimmeh sesamme«, antwortet er mir.

»Wenns uns kenn Da schlechder geht wie heit…«, gebe ich mich philosophisch, »geht's uns richtisch gutt«, vervollständigt Bernd meinen halb fertigen Sinnspruch. Wir prosten uns und den anderen frohgelaunt zu.

Den ganzen Abend sitzen wir unter einer Arkade wunderbar im Freien. Ein Kalauer jagt den nächsten.

Bei der Abrechnung stellt sich heraus, dass der Wirt hervorragend Deutsch spricht. Er lebte 18 Jahre in Frankfurt, und hatte dort ein Lokal. Irgendwann hat es ihn wieder zurück in die Heimat verschlagen.

Jeder schöne Abend geht irgendwann einmal zu Ende.

Auch dieser. Gute Nacht ihr Pilger, und schlaft recht schön.

Ich bin mittlerweile einer von euch. Wir sind mittlerweile zwei von euch. Und wir sind auch stolz darauf. Das wollten wir immer sein. Das haben wir immer angestrebt.

Gestern Abend schenkte mir übrigens eine Frau, die einen 18 Kilogramm schweren Rucksack mit sich herumschleppt, eine Karte: *Jeder Mensch trägt all das in sich, was er für ein glückliches Leben braucht, viele haben es nur vergessen.*

Wir sitzen vor unserem Quartier. Sie ist aus München. Ich spreche mit Bernd. Sie hört wohl die Klagen bezüglich meiner Füße und meiner Schulter mit an, mischt sich ein. Eine Weile philosophieren wir miteinander.

Sie meint, ich hätte die falsche Einstellung, vielleicht auch nur den falschen Rucksack. Damit kann ich leben.

Der Achtzehn-Kilo-Rucksack heißt übrigens Barbara. Wir haben sie im Verlauf der nächsten Etappen immer wieder gesehen, auch in Santiago bei der Pilgerhochzeit.

Aber darauf komme ich noch zu sprechen.

Barbara meint, mit meinem Rucksack würde ich die Last der Welt mit mir herum tragen. Sie wirkt ein wenig esoterisch. Ich erkläre ihr ziemlich gelassen, dass ich keinerlei Probleme habe, die mich zum Jakobsweg geführt hätten. Deshalb könne mich die Last der Welt auch kreuzweise. Ich sei nicht im Entferntesten ein Problempilger.

Sie glaubt mir nicht. Auch okay.

Dann müsse ich eben ein anderes Selbstverständnis für diese Pilgerreise gewinnen, meint sie etwas oberlehrerhaft. Einfach mal nicht an meine Schmerzen denken, und mich an dem abwechslungsreichen Weg weiden. An den schönen Auf- und Abstiegen. An diesen wundervollen Höhenwegen. Ich solle mir Zeit lassen, alles in mich aufnehmen, was ich sehe und erkenne, und es erst einmal setzen lassen, meine Schmerzen vergessen, sie mit Ignoranz bestrafen.

Danke, ich werde es versuchen, liebe Pilgerin Barbara aus München.

Pilgerin Barbara aus München

9. Juni 2007

18. Etappe Portomarin – Palas de Rei

25 km

Um acht Uhr Abmarsch. Bedeckter Himmel, aber nicht kalt.

Der Weg führt an einer Landstraße vorbei. Immer wieder.

Dann durch kleine Dörfer. Mehrere harmlose Steigungen.

Wir machen uns jetzt einen Spaß daraus, vor jeder kleinen Anhöhe zu jammern.

Auf dem Weg nach Galizien

»Nee, das do kann doch jetzt nett wohr sinn«, klagt Bernd mit schauspielerisch reifer Leistung.

»Schunn wedder so e Scheiß Bersch. Ich will nimmeh.«

»Das gibts doch jetzt werklich nett. Warum immer nur hoch? Unn dann immer nur berschab? Kanns nett emol ehwe sinn?«

»Do kommt schunn de näkschde Buckel.«

»Unn für jeder Buckel müsse mer fünf Buckele runner laafe.«

Wir übertreiben natürlich, lamentieren, überziehen, finden es toll zu klagen, wo es keinen, aber auch gar keinen Grund zum Klagen gibt.

Denn im Stillen wissen wir beide, dass uns nichts mehr aufhalten kann auf unserem Weg nach Santiago.

Wir sind fast am Ziel.

Und diese kleinen, lächerlichen Anhöhen bereiten uns nicht die geringsten Probleme. Wir könnten sie fast hinauf rennen, so gut sind wir drauf.

Wieder Landstraßen. Dann Feldwege.

Gegen zehn Uhr erquickt uns die Sonne. Später zieht es sich wieder zu, etwa ab 15:00 Uhr Regen. Wir stellen uns eine Weile an einer Tankstelle unter.

»Ich hanns gewisst«, stänkert Bernd.

»Was hasch de ausnahmsweis emol gewisst?«

»Dasses anfangt se schiffe.«

»Mir stehn doch im Trockene. Also rehsch dich ab.«

»Das werft uns um Stunne zerück. Noher isses Bier warm.«

Die Sonne scheint zwar jetzt wieder, aber es hört nicht auf zu regnen. Wir beobachten den Tankwart, der alle Autos fleißig betankt. Die Autofahrer steigen nicht einmal aus. Bleiben bequem sitzen. Und werden im Auto sitzend zur Kasse gebeten.

»Die hanns gutt. Stelle sich ehnfach dohin, unn könne dann gemütlich sitze bleiwe. Der arm Tankwart kann jo für se renne.«

»Do vedienter schließlich sei Geld mit, du Hammel.«

»Reich werrder dovunn ganz beschtimmt nett«, bleibe ich meinem Mitgefühl für den Tankwart treu.

»Hat awer wennischtens e Job. Veleicht isses jo sei eichene Tankstell. Unn er sei eichener Boss.«

»Warum stellt der dann kenn Sklave in, der die Dreckawett für ne erledischt?«

»Hascht du Probleme.«

»Ich wollt, ich hätt kenn. Iss awer a nett so wichtisch.«

»Mensch Müllie, du schwättscht heit wedder e Müll. Awer was sahn ich heit. Iss jo meischdens de Fall. Hauptsach was gesaht.«

»Danke für die Blume, könnt glatt vom Moni komme. Hanns jo a nur gesaht, dass mer mol driwwer geschwättzt hann.«

»De Tankwart leit jo nett am Sterwe, der kommt schunn durch.«

»Danke fürs Zuredde. Unn für dei Guttheet. Das hat mer irgendwie geholf.«

»Was macht mer nett alles für sei Pilscherbruder.«

Wir machen uns einen Spaß mit solchen Unterhaltungen, sind gut drauf, irgendwie übermütig, einfach nur glückliche Pilger.

In Palas de Rei beziehen wir ziemlich im Zentrum ein Quartier für zwölf Euro pro Person. Soweit ganz in Ordnung.

Wieder den Bettler getroffen.

Portomarin im See

Er begleitet uns seit Roncesvalles. Er setzt sich nach jeder Etappe vor die Kirche und hält die Hand auf. Wenn er genügend Geld erbettelt hat, marschiert er gezielt in die nächste Bar, bestellt sich einen Vino tinto, trinkt, und geht dann wieder betteln. Er bettelt sich den ganzen Camino durch.

Reife Leistung, Senor Bettelpilger.

Die Etappe heute ist recht leicht gewesen. Trotzdem immer wieder Berg und Tal. Ansonsten keine besonderen Ereignisse.

Ich bin oft allein gelaufen. Fühlte mich ziemlich schwach. Gestern Abend zu lange aus. Wir standen noch nach Mitternacht an der Theke. Ein paar junge Spanier gaben uns einige Cognac aus. Wir wollten nicht unfreundlich sein, und tranken.

Gleich werden wir uns Palas de Rei anschauen. Wir beschließen, schon am Dienstag in Santiago zu sein, und teile dies per SMS meiner Tochter mit. Sie soll bitteschön für uns umbuchen.

Bis hierhin 429 Kilometer gelaufen.

Wieder leichte Rückenprobleme, die mich belasten. Ein Hexenschuss wäre definitiv das Ende der Pilgerreise. Ich mache mir ernsthaft Sorgen, kämpfe dagegen an. Nur positiv denken, ja nichts einbilden, rede ich mir vehement Mut zu.

Gesellige Runde beim Pilgermenü

Ich höre hier offenbar schon die Pflanzen wachsen, so hellhörig bin ich geworden. Vor allem meinem eigenen Körper gegenüber entwickele ich die größte Sensibilität.

»Hoffentlich haut die Hex mir kenn Schuss in de Rücke.«

»Was iss?«, fragt mich Bernd ziemlich verstört.

Er kann natürlich nicht wissen, mit welchen unsinnigen wie lästigen Gedanken ich mich die ganze Zeit über befasse.

»Nix. Schunn gutt.«

Ich möchte plötzlich nicht mehr darüber reden, fühle mich gestört von meinen eigenen Reflektionen. Möchte einfach abschalten.

»Was iss mit de Hex im Rücke?«

»Nix iss.«

Anscheinend ist mein Pilgerbruder heute schwer von Begriff. Ich verkneife mir jede Erklärung. Möchte nichts an den Haaren herbei ziehen. Einfach nicht mehr daran denken. Ignorieren, verdrängen, fertig, Schluss und aus.

Es wäre geradezu tragisch, wenn jetzt noch etwas dazwischen käme, und ich Santiago nicht erreichen würde.

Ich muss es schaffen bis Santiago. Und ich werde es schaffen. Ich bin darauf regelrecht fixiert gegen Schluss unserer Pilgerreise.

Ich werde zusammen mit Bernd ankommen. Es kann gar nicht anders sein. Es darf nichts mehr schief gehen. Und es wird nichts schief gehen.

»Was iss?«

»Nix, du hascht was geheert, wass de im Nachhinein nett heere sollscht.«

»*Ich* hann kenn Tinnitus.«

Die Betonung liegt auf *ich*. Und dieses Grinsen dabei. Er grinst sich in der Tat einen ab.

»Du mich a.«

»Jetzt sahs schunn. War beschtimmt wichtisch.«

Er mimt wieder einmal den Superironischen, der mir die Fäden ziehen möchte.

»Es iss nix, nur de Mund halle, offpasse, dass de nett noch emol hin fallscht, unn weider gehn. So ehnfach iss das.«

»Jawoll mei Wannerführer.«

»Jawoll mei großer Wannerführer.«

»Jawoll mei großer Wannerführer.«

»Geht doch.«

Also Kopf hoch, lieber Pilger, und durch.

10. Juni 2007
19. Etappe Palas de Rei – Arzua
32 km

Hervorragendes Wanderwetter. Himmel bedeckt, selten Sonne, kein Regen.

Wir laufen durch einen Eukalyptuswald, toller Geruch, tolle Farben. Der Weg ist gut und leicht zu gehen. Kein Asphalt, nur Lehm und Steinboden. Mir fällt auf, dass ich seit einiger Zeit keine Störche mehr sehe.

Hermann und Danuta entlang der Etappe oft getroffen. Ein Stück sind wir zusammen gelaufen.

Hinter Palas de Rei einen körperlich Behinderten passiert, der kaum noch laufen konnte. Er kam wie in Zeitlupe voran. Aber er ging den Weg verbissen weiter. Als ich ihn überholte kam es mir so vor, als würde er stehen.

Ich wünsche dir alles Gute lieber Pilger, vor allem das eine: *Komm gesund an. Bon Camino.*

Auf dem Weg fühle ich mich topfit, habe keinerlei Beschwerden. Ich hätte leicht und locker 50 Kilometer laufen können.

Bernd ist heute Morgen vor mir aufgebrochen. Anscheinend möchte er allein sein. Vielleicht ist er auch ein wenig verärgert, weil ich nicht direkt aufgestanden bin, als er mich vor zwei Stunden weckte. Egal. Ist okay. Jeder hat mal seine Tage.

Ich treffe ihn gegen elf Uhr vor einer Bar, an einem Tisch allein sitzend. Er trinkt Cola und isst ein Croissant.

»Wo warsch de dann? Hann schunn zwei Statione gemacht.«

»Heer off. Im Lehwe nett. Ich musst noch off unser Wirt warte. Der hat ehrscht spät die Bar off gemacht.«

»Dass du immer nur ans Trinke denkscht. Hasch de de Frühschoppe heit emol vorgezo?«, fragt er belustigt.

»Schwättz kenn Operette. Zwölf Euro in die Gemeinschaftskass für e gemeinsame Naacht wenn möschlich.«

»Ich hann geschter es Quartier bezahlt.«
»Dovor gibsch de heit enner aus.«
Unterwegs treffen wir immer wieder dieselben Pilger. Dagmar, Rudi, Margret, Reinhold, Elisabeth, Romana, Gerhard, Wim und Elli, Paul den Holländer, der unterwegs Pilger massiert.

Paul ist ein uriger Typ. Er läuft sehr schnell und schlägt mit den Stöcken um sich, als wolle er den Hetzpilgern drohen. Er trägt einen Schal auf dem Kopf, sieht irgendwie abenteuerlich aus. In jeder Bar bleibt er stehen, spricht mit den Leuten, trinkt etwas, meistens Vino tinto, dann marschiert er wieder los, ist bald hinter uns, seine Stöcke schlagen im gleichmäßigen Takt *klack klack klack* und schon ist er vorbei. Er segelt regelrecht, schaukelt hin und her, nimmt die ganze Straße in Anspruch mit seiner beeindruckenden Riesengestalt. Wahnsinn dieser Typ, immer freundlich, stets gesprächsbereit, zu jedermann offen, ein Weltenbummler, und sicherlich kein Asket.

Eukalyptuswald vor Arzua

Heute genieße ich den Marsch. Ich bin vollkommen beschwerdefrei. Alles okay, auch in meinem Kopf. Ich habe meinen Frieden gefunden, den inneren Einklang mit mir. Komme mir immer näher, bin ganz relaxed.

Überlegung, nachdem Hermann sich so sehr eine wahre Pilgerhochzeit wünscht, bei der hoffentlich viele von uns anwesend sind, während der Hochzeitsmesse in der Kathedrale von Santiago ein Gedicht vorzutragen, stellvertretend für alle Pilger. Sporne meine Kreativität an.

Doch noch kein Schema im Kopf. Es wird sich wohl wie immer kurzfristig entscheiden, ob mir etwas einfällt. Sozusagen *last minute.*

Ein Kreativitätsblitz muss mich also treffen.

Abends wieder langer, lustiger Pilgertisch der Extraklasse.

»Proscht, ihr Mädcher unn ihr Buwe, so jung komme mer nimmeh sesamme.«

»Ach, die Saarlänner wedder mit ihre Sprüch.«

Wir befinden uns in guter Gesellschaft mit Reinhold, Elisabeth, Hermann, Danuta, Rudi, Dagmar, Margret, einem Bayern mit zwei Begleitern, darunter eine Pilgerin aus Frankfurt und einem Inder.

Ein witziger Typ, spricht sehr gut englisch, wenig deutsch, und lebt in London.

Wir lachen viel, scherzen.

Der Bayer erfährt von Hermann und Danutas Hochzeit in Santiago. Will es erst gar nicht glauben. Ist dann fasziniert. Findet die Idee toll. Möchte seine Etappen so einteilen, dass er spätestens am 13. Juni in Santiago zur Trauung rechtzeitig eintrifft.

Ich frage ihn im saarländischen Dialekt, warum er diese Pilgerreise unternimmt.

»Woas?«

Ich frage ihn wieder, spreche jetzt ganz langsam Schriftdeutsch, überzeichne, kitzele jedes Wort bewusst provokativ langgezogen, als ob ich es mit einem Legastheniker zu tun hätte, aus meinem frechen Mund. Die anderen lachen.

Der Bayer grinst und antwortet mir in seinem schwer verständlichen bayerischen Dialekt, den ich deshalb nur frei wiedergeben kann: *Woil i mol seh wollt, wie i mi am Camino durchbringe kinnt, oane e Fremdsproach se kinne.*

Ich antworte ihm cool: *Deutsch kannst du ja auch nicht.* Natürlich die Lacher immer noch auf meiner Seite. Der Bayer lacht herzhaft mit. Schließlich wackelt der ganze Tisch von den Claqueuren, die mit ihren Händen wild darauf schlagen. Das Lachen will und will gar nicht verstummen.

Der Bayer klopft mir auf die Schulter: *Guat hässt dess gsad.*

Er redet wie ihm der Schnabel gewachsen ist. Und Recht hat er, der gute Mann. Recht hat er.

Danke Seppl, denke ich, ohne seinen richtigen Namen zu kennen, vergnügt.

Ein netter Mensch. Ein super Typ. Übrigens auch Marathonläufer, wie sich herausstellt.

Es war ein toller Abend.

Trostloser Ort mit gelbem Pfeil

11. Juni 2007

20. Etappe Arzua – Pedrouzo

22 km

Um acht Uhr Abmarsch. Der Himmel ist bewölkt.

Ich laufe eine Zeit allein. Bin sehr gelassen und auch irgendwie stolz auf mich. Freue mich auf Santiago. Nichts wird mich mehr aufhalten können. Ich fühle mich topfit. Körperlich und seelisch. Bin stabil. Mein Heimweh hält sich kurz vor meinem Nachhauseflug in Grenzen.

Ich warte auf Bernd. Ein Stück gehen wir zusammen. Keine Gespräche. Jeder hängt seinen Gedanken nach. Morgen sind wir in Santiago. Morgen werden wir endlich da sein.

Unterwegs Dagmar, Margret und Rudi getroffen. Wir setzen uns zu ihnen an den Tisch in der Außenanlage der Bar. Dagmar erzählt, dass sie in Pedrouzo ein Doppelzimmer und ein Einzelzimmer gebucht habe. Sie würde auch zunehmend an der Herbergsallergie leiden.

Wir fragen, ob sie nicht auch für uns buchen könne. Was sie prompt erfolgreich mit ihrem Handy erledigt.

Entspannung pur danach. Ein Zimmer sicher. Keine Suche. Wir sind glücklich. Wirklich glücklich. Margret ist die Mutter von Dagmar. Sie unternehmen diese Pilgerreise gemeinsam. Sie sind in Villafranca del Bierzo eingestiegen, haben nur zwei Wochen Zeit. Rudi haben sie unterwegs kennen gelernt. Rudi ist 42, und steckt voller Probleme. Er hat eine Frau, zwei Kinder, eine Geliebte, die Ansprüche stellt, eine Firma am Hals, die er nicht übernehmen möchte. Er schafft sich täglich neuen Stress. Rudi ist irgendwie ein Typ, der die Probleme magisch anzieht. Aber ein sehr netter Mensch, hilfsbereit und zuvorkommend, auch weich. Dagmar ist zum zweiten Mal verheiratet, ist sehr jung Mutter geworden, und hat jetzt einen spanischen Ehemann. Deshalb beherrscht sie die spanische Sprache auch recht gut. Sie ist 39 Jahre jung, und hat drei Kinder. Margret ist ein Mensch ohne Fehl und Tadel, stets beherrscht, nett, ruhig, bescheiden, hilfsbereit. Sie lacht gerne. Man hört kein böses Wort von ihr.

Vor einer Bar mache ich Station. Ich bin der erste der Gruppe. Begebe mich zielstrebig an einen Tisch. Eine junge Pilgerin setzt sich neben mich. Sie ist mir schon ein paar Mal negativ aufgefallen, ist äußerst eingebildet, typisches Narzissenverhalten, und hat außerdem eine ziemlich große Klappe, was mich doch ziemlich an einer Frau stört.

Bernd kommt an, möchte sich zu mir setzen.

»Nein, nein, der Tisch ist besetzt«, erklärt die unverschämte Pilgerin dem verdutzten Bernd.

»Das iss mei Freund, unn der hat beschtimmt für mich ausgehall.«

Ich bin tatsächlich zuerst da gesessen, denke ich im Stillen, warte aber ab, was jetzt folgt. Bernd kann sich durchaus alleine behaupten. Er benötigt meine Unterstützung nicht.

»Tut mir Leid. Die Stühle sind alle besetzt.«

»Das kann doch wohl nett wohr sinn. Do gehn mindeschtens noch sechs Leit an de Disch.«

»Es ist alles besetzt«, bleibt die arrogante Zicke beharrlich.

»Was?«

Bernd schaut mit angriffslustigen Augen. Eine Ader an der Schläfe wird, von seinem Ärger gesteuert, bedrohlich dick.

»Es ist alles besetzt.«

Die Zicke lässt sich nicht beeindrucken, ist offenbar weiter von ihrem unerträglichen Gehabe überzeugt. Fordert Bernd heraus.

»Das do iss mir jetzt doch zu doof. Nehwer so ennie setz ich mich sowieso nett. Ich gehn liewer woannerscht hin«, wendet er sich jetzt richtiggehend wütend von der Tussi ab, gibt mir ein akkurates Zeichen zu folgen, und steuert zielsicher die Bar an.

»Pilgeridiot blöder«, tituliert die junge Pilgerin Bernd daraufhin so leise, dass er dies nicht hören kann. Denn schon ist er forsch, nicht nur des Durstes wegen, in der Bar verschwunden.

Das kann ich nun wahrlich nicht auf ihm sitzen lassen. Zumal

Wegekreuz in Arzua

diese junge Nichtdame wirklich ziemlich dreist ist, da ich ja vor ihr hier gesessen habe, und meine Rechte durchaus, wenn es denn sein muss auch brachial, einfordern könnte.

»Du scheinst ja voller Demut zu sein«, wende ich mich in meinem vornehmsten Deutsch an die Pilgerzicke. Sie hat einen Dämpfer verdient. Vielleicht denkt sie ja über ihr ungebührliches Verhalten nach, wenn man sie darauf anspricht. Habe aber wenig Hoffnung, was sich prompt bestätigt.

»Was willst denn du alter Pilger?«, gibt sie stattdessen grotesk zurück. Ich und alt. Wie kommt sie darauf? Sie scheint tatsächlich neben ihrem despektierlichen Benehmen noch fern jeder Realität zu leben. Oder sie hat ganz einfach etwas an der Klatsche. Vielleicht auch Grauer Star, der sich allzu früh in ihre Augen eingeschlichen hat? Ich werde nun energischer.

»Nur weil du mir nicht gefällst, musst du mir noch lange nicht meine Jugend absprechen.«

»Lass mich in Ruhe.«

»In Demut Amen.«

»Meine Demut geht dich gar nichts an.«

»Du hast viel gelernt auf dem Camino wie jeder Pilger leicht feststellen kann, wenn er dich so selbstherrlich borniert erlebt. Der Weg hat dich fürwahr weiter gebracht. Herzliche Gratulation.«

Mit diesen Worten lasse ich sie einfach sitzen, und folge Bernd in die Bar.

Margret, Dagmar und Rudi sind soeben auch eingetroffen.

Später laufen wir fünf dann gemeinsam weiter, lassen uns viel Zeit, machen in jeder Bar Pause, lachen viel. Kommen vermutlich spät an. Aber wir haben ja ein Zimmer. Das beruhigt.

Wir durchstreifen Wälder auf sehr schönen, leicht zu gehenden Wegen.

»E komisches Gefühl, morje in Santiago se sinn«, sage ich zu Bernd.

»Ich denk a die ganz Zeit driwwer noh.«

»Bin emol gespannt wie das so iss in de Kathedrale.«

»Werrschs früh genunk erlehwe.«

»Es war e langie Zeit bis dohin.«

»Kammer so sahn.«

»Unn nett immer leicht.«

»So isses.«

»Unn nett immer scheen.«

»Nee, das stimmt.«

»*Jo*, das stimmt. Nur um dei Deitsch se vebessere«, belehre ich ihn.

»Jo, das stimmt, nur um mei Deitsch se vebessere, Blödmann.«

Dabei lacht mein Pilgerbruder zufrieden in sich hinein. In der letzten Bar vor unserer Ankunft treffen wir Achim. Wir sind gerade dabei, Dagmars Rucksack zu reparieren. Die Bauchschnalle hat sich in zwei Teile aufgelöst. Wir versuchen das wieder hin zu bekommen. Was schließlich nach zwei großen Cerveza auch gelingt.

Achim ist aus Morbach und völlig erschöpft. Der Schweiß läuft ihm nur so die Stirn hinunter. Er ist 30 Kilometer gegangen. Er kann nicht mehr weiter. Muss sich in dieser Bar Quartier suchen. Wir hätten ihn gerne mitgenommen. Aber die Muskulatur und der Kopf spielen nicht mit. Sein Motor ist für heute abgewürgt. Er stotterte ohnehin bis hierher.

»Nix geht mehr«, sagt er leicht deprimiert zu uns.

»Do musch de ehwe do bleiwe unn dich ausruhe«, entgegnet Bernd vor Mitgefühl strotzend, »könne mer jetzt nett ännere.«

»Wie?«

Typisch, keiner versteht saarländisch. Obwohl es eine Weltsprache ist. Schließlich sprechen wir sie auch in Spanien.

»Soll ichs buchschtabiere?«, fotzelt Bernd.

»Awer off gutt saarlännisch«, blödelt Achim, der auch nicht auf den Kopf gefallen ist, zurück.

Wir kommen im Quartier an. Treppe hoch. Bernd und ich beziehen ein riesiges Zimmer mit drei Betten, Couch, Wohnzimmerschrank etc. Sehr viel Platz für uns.

Margret teilt sich mit ihrer Tochter ein Doppelzimmer. Rudi hat ebenfalls ein großes Zimmer für sich allein.

Wir sind überglückliche Mieter von zwei Bädern, einer Küche, Kühlschrank, einer Terrasse mit Wäscheleine im Erdgeschoss, was will der Mensch, sprich Pilger, mehr.

Wir duschen, waschen, gehen essen. Wir treffen Wim und Elli. Verabreden uns für morgen 19:00 Uhr an der Kathedrale von Santiago.

Stolz in den Augen. Stolz im Blick.

Dann kaufen wir im Supermarkt sieben Flaschen Vino tinto und zwei Flaschen Sekt. Dazu Schinken, Käse und Salami. Jeder bezahlt vier Euro.

Bernd und Dagmar anschließend auf Brotsuche. Im ganzen Ort ist nur noch ein Brot aufzustöbern. Aber es reicht.

Wir wollen uns einen schönen Abend machen. Was auch gelingt. Wir feiern und zechen bis weit nach Mitternacht. Wir singen und reden Unsinn, sind völlig aufgelöst. Aber niemanden stört es. Wir sind für uns.

Der Abend steckt mir am Morgen erstaunlicherweise nicht in den Knochen. Ich bin völlig fit. Wie nach jedem langen Abend.

Ich hatte während des ganzen Camino kein einziges Mal einen Kater.

Am nächsten Morgen, am Tag der Ankunft, noch vor dem Abmarsch nach Santiago, schreibe ich diese Zeilen:

Santiago

ich bin sooo froh

Gelitten gelacht geweint
im Schmerz vereint

Angekommen
nicht mehr gelaufen

Heute Abend werde ich mit Bernd
einen saufen.

Kathedrale in Santiago

12. Juni 2007

21. Etappe Pedrouzo – Santiago de Compostela

22 km

Diese letzte Etappe laufe ich ohne Bandage. Das hatte ich mir lange vorher schon fest vorgenommen. Mein Knie hält, ich gehe kein Risiko ein, bin mir ganz sicher.

»Mennsch de dasses geht?«, fragt Bernd besorgt.

»Klar. Kenn Problem.«

»Nett dass de was offs Spiel setscht. Mir hann nimmeh lang. Wär schad, wenn mers jetzt vemassele würde.«

»Kenn Angscht, mei Knie halt.«

»Bisch de sicher?«

»Sicherer als de Seppl Deitsch kann.«

»He, willsch de mich vearsche? Do macht mer sich Gedanke unn das iss de Dank.«

»Tschuldigung.«

»Heer off se schleime.«

»Tschuldigung.«

»Du mich a.«

»War nett so gemennt.«

»Iss jo gutt. Fang jetzt nett gleich se heile an.«

»War werklich nett so gemennt.«

»Es iss jetzt gutt. Wenn de so weider machscht, duhn ich mich gleich bei dir entschuldische, wes dann allerdings nett warum.«

»Duht mer leed. Glab mers.«

Jetzt erst bemerkt Bernd, dass ich ihn erneut veralbere. Denn soviel Reue am Stück traut er mir nun wirklich nicht zu. Und Recht hat er.

»Hosewackler raulicher«, beschimpft er mich, »unn wenn de de Schnawwel halscht, denne mer dir bei deiner Beerdischung noch extra doht schlahn muss, duhsch de am beschde a nix meh sahn.«

»Ich sahn nix meh«, bleibe ich meinem Grundsatz treu, stets das allerletzte Wort zu haben.

»Vesproch?«

Jetzt überlasse ich ihm das letzte Wort.

Vor dem Abmarsch schicken wir Margrets Rucksack mit dem Taxi nach Santiago voraus. Sie kann kaum noch laufen, da sie vor ein paar Tagen umgeknickt ist und sich seither als Folgeerscheinung mit einem ganz dicken Knöchel abmüht, verspürt aber den Ehrgeiz in Santiago zu Fuß anzukommen.

Fatalerweise stimmt durch einen Übermittlungsfehler die Adresse des Hotels nicht. Der Rucksack irrt nirgendwo und überall in Santiago herum. Eine regelrechte Odyssee. Dagmar ruft die Taxizentrale an, der clevere Fahrer hat ihn schließlich entnervt glücklicherweise dort abgegeben.

Bernd und ich sind heute gut in Form, laufen ein bisschen voraus, quatschen und albern unbefangen.

Der letzte Tag mit Gepäck auf dem Rücken. Komisch.

Ab morgen kein Rucksack mehr. Wir müssen uns zuerst daran gewöhnen. Noch sind wir Pilger und fühlen uns wohl in unserer Haut. Sehr wohl sogar.

Eine lange Zeit ist vergangen. Zumindest kommt es uns so vor. Eines ist ganz klar, wenn wir heute ankommen sind wir nicht einmal mehr Wanderer. Dann werden wir die nächsten Tage genießen, uns erholen, ausspannen, die Füße pflegen und vor allem schonen.

Wir warten auf unsere drei Mitpilger. Margret, Dagmar und Rudi lassen sich Zeit. Sie trotten ihren Weg dahin. Es herrscht gutes Wanderwetter. Die Stimmung in der Gruppe ist prima, fast aufgeputscht. Wir haben viel Spaß unterwegs, machen die eine oder andere Pause. Alles sehr gemütlich. Die Etappe ist recht leicht zu bewältigen. Keine großen Höhenunterschiede.

Ein plötzlicher Weinanfall trifft mich wie aus heiterem Himmel. Tränen wie Sturzbäche. Unerklärlich im Grunde, da weder Schmerzen noch Kummer mich belasten. Im Gegenteil, ich fühle mich zu diesem Zeitpunkt ungeheuer wohl. Ich weiß nicht recht, wie ich mit meinem Gefühlsausbruch umgehen soll. Schäme mich auch ein wenig.

Ein Stück dann allein gegangen. Nachgedacht, melancholiert, Bilanz gezogen. Keine sicheren Erkenntnisse. Gedankenfieber. Aufarbeitung. Wegbeschreitung.

Aber Gruppenzwang. Wieder gewartet. Zusammen gelaufen. Weiter geredet, gescherzt, gelacht. Als wäre nichts gewesen. Der Mensch ist schon ein sonderbares Wesen.

Wir kommen auf den gestrigen langen Abend zu sprechen, auf unseren großen Durst.

Ich scherze: *Fünf deutsche Pilger knapp vor Santiago verdurstet, denn sie hatten nur noch Wasser dabei.*

Wir schreien uns weg vor Lachen.

Rudi kann sich gar nicht mehr beruhigen. Er schleppt sich gekrümmt dahin, mit Tränen in den Augen. Er steckt uns alle an. Wiederholt immer wieder dieses, auch noch viel später hoch gepriesene Bonmot, verbunden mit neuen Lachsalven.

Pilger laufen an uns vorbei.

Uns gleich, was sie denken.

Gehirnmuskelkater vor Spaß, Freude und Ausgelassenheit. Wir sind jenseits von allem Guten und Bösen angelangt. Irgendwo im Vergnügungs-Nirwana. In einer ganz besonderen, abgesicherten Zone. Als seien wir weggelöst vom bisher Alltäglichen, von irdischen Schranken und Grenzen, Spannungen, Verantwortungen, Pflichten und Bürden. Wir bewegen uns in einer Scheinwelt, in einer Welt, die an uns vorüber fliegt mit unzähligen Eindrücken, die wir nicht mehr als die alte lokalisieren, welche wir am liebsten verdrängen, ganz aus unserem Gedächtnis loslösen wollen in diesem Augenblick. Wir wünschen teilzuhaben an dieser neuen Welt, an dieser Entwicklung, als seien wir Astronauten, die einer fernen, ungewissen Bestimmung zurasen, ohne Gewähr für Sicherheit und Ankunft. Diese Imagination zeigt uns das Abwegige, das Verklärte, das Neue, eine andere Wirklichkeit als jene, die wir bis dahin kennen gelernt haben und von jeher gewohnt sind. Wir treiben mit Kraft, Geduld und Ausdauer unserer ureigenen

Realität, unserer eigentlichen Identität entgegen. Wir sind, was wir sind. Was wir in diesem Moment fühlen und empfinden. Und sein wollen. Eine Enklave in uns selbst. Diese Erkenntnis reift. Setzt sich durch. Pflanzt sich fort. Das sind wir. Ja, das sind wir. Wenigstens in diesem Zeitfenster. In diesem Zeitraffer. Zwar fern unserer eigentlichen Welt. Aber doch so nah. So unendlich nah. Und die Lieben sind immer bei uns.

Wir werden finden, was wir suchen. Ganz bestimmt. Wir werden es zu Ende bringen, was wir zu Ende bringen wollen. Ohne uns ablenken zu lassen, aber ohne das Vertraute gänzlich aus den Augen zu verlieren.

Ich wundere mich über meine Gedankenexkursionen, bin völlig übersensibilisiert. Registriere die kleinsten Anzeichen meiner Melancholie. Könnte jetzt auf einer Wolke fliegen und auf dem Wasser gehen. Es gibt keine Grenzen mehr in mir, keine Ketten, die mich festhalten. Und wenn, würde ich sie sprengen. Ich könnte jetzt dem Teufel ins Gesicht schauen. Und er würde sich vor mir fürchten.

Bon Camino.

Margret quält sich. Schritt für Schritt. Wir müssen immer wieder auf sie warten.

Aber sie ist tapfer, läuft unaufhaltsam ihrem und unserem großen Ziel entgegen.

Endlich!!!

12. Juni 2007 Santiago.

Um 13:30 Uhr Ortsschild von Santiago.

Glaube Ernst Reuter, den ehemaligen Berliner Oberbürgermeister, in meiner etwas freizügigen Auslegung seiner berühmten Rede, ausrufen zu hören: Ihr Menschen von Santiago, schaut auf diese fünf Pilger.

Erhebendes Gefühl. Kaum zu beschreiben. Lange darauf gewartet. Plötzlich stehen wir davor.

Bernd macht Bilder. Ich versuche meine Glückshormone anzustacheln. Aber die sind offenbar nicht bereit dazu. Höre keine Posaunenklänge. Schwerer Augenblick. Rätselhafter Augenblick. Irgendwie enttäuschend. Wir geben uns nicht die Hand. Schauen uns nicht in die Augen. Nichts Derartiges geschieht. Wir halten kurz inne – und gehen dann weiter. Als müssten wir uns schämen, dieses Schild gesehen zu haben. Vielleicht erfüllt uns auch ein beklemmendes Gefühl, weil die Pilgerreise nun bald zu Ende geht. Ich weiß es nicht. Ich weiß es wirklich nicht.

Dann weiter durch die Peripherie der Stadt. Nicht mehr scherzend, nicht mehr lachend, lange nicht mehr so leicht, eher nachdenklich, ein Weg des Zweifels, des In-sich-Gehens.

Ankunft gegen 15:00 Uhr vor der Kathedrale.

Glücks- und Befreiungshormone schlagen jetzt plötzlich durch. Alle Anspannung weicht. Stolz und Befriedigung. Letzte Ängste lösen sich. Meine Kraft fällt in sich zusammen. Stehe hilflos da, mit butterweichen Knien, zu keiner Geste fähig. Pilger um mich herum. Sie schwirren wie die Ameisen. Laufen hin und her. Ich bin nicht allein in diesem ehrwürdigen Moment.

Und doch bin ich allein. Mit mir ganz allein. Ich habe es geschafft. Meine Beine und mein Kopf, mein Rücken und meine Füße, mein Knie und mein Magen, meine Nase und mein Schnupfen. Sie haben es, in meiner Person vereinigt, in einer gemeinsamen Anstrengung geschafft.

505 Kilometer bis hierhin gegangen, gespannt darauf gewartet, was *nun* geschieht.

Es geschieht nichts. Wir stehen stumm herum im Pilgerpulk, keiner schaut den anderen an, wir reden nicht, lachen nicht, weinen nicht, jeder denkt in sich hinein. Wir sehen uns auf der großen Plaza mit müden und kleinen Augen die Kathedrale an. Jeder für sich. Jeder allein. Viel Platz dazwischen. Sicherheitsabstand. Wie hilflose Kreaturen in einem geöffneten Käfig. Wir kommen mit der Situation nicht gut zurecht, mit diesem feierlichen Augenblick der Ankunft nach so vielen gelaufenen und gelittenen Kilometern. Wie versteinert stehen wir da. Unfähig, einen klaren Gedanken zu fassen.

Dann kommt Rudi. Er nimmt sein Herz in beide Hände, umarmt mich, weint.

Er war sechs Wochen unterwegs von Saint-Jean bis hierher. Keinen einzigen Kilometer gefahren. Hochachtung Rudi. Er ist ein Held. Ich weine mit einem Helden. Dann Bernd. Wir geben uns die Hand, umarmen uns zum ersten Mal im Leben. Weinen und lachen, schlagen uns gegenseitig auf die Schulter. Wir sind angekommen. Wir haben es geschafft.

Wir können uns noch nicht voneinander trennen. Ich halte ihn fest. Er mich. Mit unseren Rucksäcken auf den Schultern, unseren Stetsons auf den Köpfen. So wie es sich gehört.

Ich liebe ihn. Er ist mein Freund, mein Jakobsbruder, mein Mitstreiter, mein Mitleider, ein Pilger wie ich, der immer zu mir hielt. Der sein Leben für mich gegeben hätte. Wie ich meins für ihn. Den ich nie zurückgelassen hätte. Wie er mich auch nicht. Ich bin stolz auf ihn. Auch er musste sich quälen, durchbeißen, er litt und litt, wir litten zusammen. Und jetzt sind wir hier. Pilger, die sich durchgebissen haben. Pilger, die angekommen sind, die niemals etwas trennen kann. Dessen bin ich mir sicher.

Netter älterer Herr mit Pilgerbruder und Havanna

Ich umarme jetzt jeden, der in meine Nähe kommt. Und es sind viele.

Die Strapazen liegen hinter mir.

Ich lasse alles los. Mein jetziges Leben. Mein bisheriges Leben.

Ich schwebe, bin völlig isoliert in diesem Moment. Unsichtbare Fesseln lösen sich. Ich bin hemmungslos übersensibilisiert.

Ich bin ich und ich stehe neben mir, beobachte mich. Zum ersten Mal seit ewigen Zeiten mit Stolz erfüllt. Kein Lästermaul mehr, kein Gaukler, kein Fallensteller, Unterhalter, Clown, Hofnarr oder was auch immer. Nur ich, ungeschminkt und hemmungslos und voller Dankbarkeit.

Ich habe es geschafft. Santiago.

Wir gehen in die Kathedrale. Besuchen das Grab von Jakobus.

Eine halbe Stunde in der Kathedrale. Gebetet. Für all diejenigen, für die ich beten wollte und für all diejenigen, die mich darum gebeten haben.

Ich vergesse keinen. Hinterfrage mich immer wieder. Komische Stimmung. Kaum zu beschreiben. Melancholisch, depressiv und glücklich.

Viele Menschen dann in mein Gebet mit eingeschlossen.

Eigentlich neige ich nicht zur Bigotterie, ich bin nicht einmal Kirchgänger.

Aber ich bin Gott auf diesem Weg tatsächlich auf vielen Etappen näher gekommen. Weil er mich lehrte, in meinen Körper hinein zu hören, damit er mich bis hierhin trägt, mit meiner Psyche keinen Raubbau zu treiben, mit Maß und Ziel an die Dinge heran zu gehen, Disziplin zu bewahren, die Situationen realistisch einzuschätzen, und doch mit dem Herzen zu denken.

Ich habe diese Intention verstanden. Ich lernte schnell auf dem Camino.

Wir machen uns auf den Weg ins Pilgerbüro.

Achim, den wir zufällig treffen, führt uns dorthin. Wir bekommen unsere Compostela, den letzten Stempel. Zwar etwas unfeierlich. Aber wir haben ihn.

Unser Pilgerdasein ist nunmehr offiziell beendet.

505 Kilometer bis hierher hinter uns gebracht. Über Berg und Tal, Lehm und Stein, Ängste und Sorgen, Melancholie und Zermürbtheit, Aggression und Demut.

Dann machen wir uns auf, unser Quartier zu finden. Wir sind zu fünft. Meine Tochter hatte nachträglich für Margret, Dagmar und Rudi in Santiago mitgebucht.

Eine Stunde Suche, da falsche Adresse. Wir telefonieren, kommen endlich nach einigen Irrwegen an, und landen schließlich in einem Rattenloch. Unmöglich hier zu bleiben.

Ich hatte meine Tochter gebeten, einen Tag früher in Santiago zu buchen, was sie auch tat. Aber der gewiefte Senor hier möchte uns über den Tisch ziehen und führt uns, als er uns begrüßt, ganz woanders hin, in der stillen Hoffnung, dass wir uns in Pilgerdemut mit der schrecklichen Behausung abfinden werden, da wir zu fünft kaum Alternativen haben und in seinen Augen daher nicht besonders wählerisch sein können.

Er macht die Rechnung ohne den Wirt, denn wir verlassen verärgert die Zimmer, nachdem wir unsere Rucksäcke 5 Stockwerke hoch geschleppt haben, wo wir doch inzwischen verlernt haben, Treppen zu gehen, und suchen ein neues Quartier.

Wir übernachten nicht in einem Rattenloch, das wir nicht einmal gebucht haben.

»Der Schisser«, sagt Bernd, als wir das Verließ verlassen.

»Am liebschde hätt ich demm noch hinne nin getappt.«

»Häsch de mache solle. Der hats vedient.«

»E typischer Pilscherabzocker. Schad, dass ich kenn Mumm gehat hann.«

»Wenn ich dran gedacht hätt, ich hätts gemacht.«

»Eigentlich schad, dass de mim Denke soviel Huddel hascht.«

»Nüssje.«

Wir erhalten SMS von Reinhold und Elisabeth. Sie sind in der Innenstadt gut untergebracht. Wir versuchen auch dort unterzukommen. Aber voll besetzt.

Wir verabreden mit den Beiden um 19:00 Uhr einen Treffpunkt vor der Kathedrale. Und suchen weiter.

Schließlich werden wir fündig. In einem Hotel außerhalb der Stadt. Jeder muss 32 Euro berappen. Aber es ist wenigstens kein Mauseloch, sondern ein großer Hotelkomplex mit Einkaufszentren und Gastronomie.

Im Zimmer angekommen trenne ich mich sofort von meinen beiden Wasserflaschen, nicht ohne mich im Stillen zu bedanken.

Meinen Rucksack, dem ich bei der Ankunft eigentlich in den Allerwertesten treten wollte, streichele ich dagegen herzlich. Bilde mir ein, ihn wie eine Katze schnurren zu hören. Ich liebe ihn, habe meinen Frieden mit ihm geschlossen. Das sage ich laut und deutlich. Denn er war alles für mich, mein Heim, mein Haus, und meine Familie. Er ist *mein* Rucksack. Er hat meine Klamotten, mein Waschzeug, meine Arznei, meine Bandage, meine Taschenlampe, mein Tagebuch, alles was ich fürs Leben brauchte, bis hierhin gebracht. Dank sei dir, mein Freund. Ich habe dir längst die Schmerzen, die du mir durch dein Gewicht zugefügt hast, verziehen.

Am Abend mit den uns mittlerweile vertrauten Pilgern dann gegessen. Siegermentalitätsstimmung. Bernd und ich kaufen zwei Havannas. In einer Bar rauchen wir sie gemütlich.

»Ich wollt eigentlich nimmeh raache«, bemerkt Bernd, von Gewissensbissen verunsichert.

»Man muss a emol off Opfer unn Entbehrunge vezichte könne.«

»Jawoll mei großer Wannerführer.«

»Jawoll mei ehemalischer großer Wannerführer«, verbessere ich ihn. Schließlich muss alles seine Ordnung haben.

»Jawoll mei ehemalischer großer Wannerführer.«

»Geht doch.«

Ich fühle mich jetzt sauwohl. Bin ungeheuer stolz auf mich. Auf mein Durchhaltevermögen, meine Beharrlichkeit, mein Durchsetzungsvermögen, meine Konsequenz. Ich habe das starke Bedürfnis, mich meiner Familie mitzuteilen, bin in der Tat stolz auf meinen Kopf und Körper, die sich nie unterkriegen ließen. Ich habe jede Schwäche tapfer ertragen und überwunden.

»Du Nüssje«, sage ich scherzhaft zu Bernd, als wir die Havanna rauchen.

»Wer? Wie? Was? Wann? Warum? Wieso? Weshalb? Wo ist do e Nüssje?«

Recht hat er. Wir sind keine *Nüssjer*, nein, mein lieber Pilgerbruder, wir sind Helden. Vieles fand statt, und wir waren dabei. Ja, wir beide waren dabei.

13. Juni 2007 Messe und Pilgerhochzeit in der Kathedrale

Um elf Uhr sind wir schon in der Kathedrale. Wir sitzen sozusagen in der ersten Reihe, wo man bekanntlich sehr viel besser sieht. Die Messe ist feierlich. Alle sind gekommen. Viele bekannte Pilger, die Bernd und ich mittlerweile schon ins Herz geschlossen haben. Eine Nonne singt wunderbar, mit einer unvergleichlich warmen, sonoren, herzlichen Stimme.

Eine ganze Zeitlang werden Namen von Pilgern verlesen, die heute in Santiago angekommen sind.

Das Brautpaar Danuta und Hermann

Ich glaube Bernds und meinen gehört zu haben, obwohl ich mir eigentlich darüber im Klaren bin, dass hier wohl eher der Wunsch Vater des Gedanken ist, da wir ja schon gestern, für die Pilgermesse leider zu spät, in Santiago eingetroffen sind.

Schließlich die Heilige Kommunion entgegen genommen.

Geschaut, gedacht, verarbeitet und geschwiegen.

Nach einem Rundgang durch die Altstadt von Santiago kommt der uns bekannte Bettler, den wir seit unseren ersten Etappen immer wieder gesehen haben plötzlich auf uns zu, und reicht Rudi, Bernd und mir spontan die Hand.

Er verbeugt sich vor uns, tituliert uns überaus höflich und respektvoll mit »Senors«, und verschwindet wieder in die Bar, aus der er herauskam, um uns seine Reverenz zu erweisen.

Wir haben ihm auf unseren Etappen immer wieder Geld zugesteckt. Er hat es offenbar nicht vergessen. Er scheint ein Mann von Ehre zu sein. Und das meine ich jetzt keineswegs ironisch. Der Kreis schließt sich langsam.

13. Juni 18:00 Uhr.

Die Hochzeit in der Kathedrale.

Bernd, mein unverwüstlicher Pilgerbruder mit dem großen Herzen und dem so herausfordernden Grinsen, mein perfektes Pendant für diese Reise, Rudi, der Schwabe, der so viele Probleme hat wie andere Leute Kleider und trotzdem herzhaft lachen kann, Dagmar, Margrets Tochter, die mit einem Spanier verheiratet ist, und deshalb oft und erfolgreich als Dolmetscherin fungierte, Margret, die trotz stark verstauchtem Knöchel den Weg bis Santiago durchhielt, Achim, der Morbacher, kein besonders durchtrainierter Mensch, aber und vor allem ein Saarlandfan, Burkhard, der Hamburger mit der Sopranstimme, der extra mit dem Bus gekommen ist, da er noch eine Etappe hinter uns liegt, morgen aber wieder zurück fährt, und ab dem Ausgangspunkt weiter pilgert. Ein verschmitzter Typ, immer gut drauf, stets cool und irgendwie alternativ. Meine Wenigkeit und noch ein paar bekannte Pilger mehr sind schon um 17:00 Uhr zur Stelle, verteidigen unseren Platz in der ersten Reihe.

Bekannte und weniger bekannte Pilger treffen nach und nach ein. Nicht alle bekommen Sitzplätze. Viele stehen. Sie sind größtenteils mit ihren Stöcken gekommen wie vorher abgesprochen und lanciert.

Alle Pilger, die ich näher kenne: Gerhard, der Österreicher, den wir immer wieder bis Santiago getroffen haben, ein ruhiger, geistreicher, uriger Typ. Bernhard, sein Kumpel, ein großer Schweiger, Romana, die gerne redet und noch besser läuft, eine witzige Blondine, Barbara, die Münchnerin, der Achtzehn-Kilo-Rucksack, wie wir sie gerne lustig titulieren, eine angenehme, intelligente, weiche

Person. Wim und Elli, Holländer, die fast immer dabei waren, mit denen wir viel Spaß hatten. Reinhold, der Palottinermönch und Elisabeth, die Chefsekretärin dieses Ordens, ein schwäbisches Paar. Viele andere Pilger, deren Namen mir entfallen sind, da wir sie nicht lange oder lange genug kannten, der Bayer, dem ich unterstellte, dass er kein Deutsch beherrsche, der Inder aus London und seine Begleiterin.

Ebenso einige unbekannte Gesichter. Und die anmaßende Zicke, die Bernd und mich so verärgert hat. Aber sei´s drum. Heute ist Hochzeit. Es ist eine wunderbare Gemeinschaft, eine seltene Erfahrung. Die Messe wird von zwei Geigern umrahmt.

Ein spanischer Würdenträger und Pater Reinhold zelebrieren sie. Ergreifende Ansprache von Reinhold. Hermann und Danuta weinen.

Beim Ja-Wort der Beiden spontaner Pilgerjubel. Pfeifen, rufen, klatschen.

Der spanische Würdenträger mahnt höflich zur Ruhe.

Silentium, Gotteshaus meint er.

Na gut. Ich bereite mich innerlich auf mein Gedicht vor, das ich gleich zum Besten geben werde, und flüstere Bernd ins Ohr: »Hoffentlich sahn ich jetzt nett liebe Hanuta statt liebe Danuta.«

Bernd grinst: »Dann saht die, nee, nee, nee, ich hehs Haribo.«

Wir können kaum an uns halten, müssen uns zusammenreißen, aber im allgemeinen spontanen Jubel der Menge geht unsere kleine Lachexkursion Gott sei Dank etwas unter.

Trotzdem werden wir gestört. Sogar der spanische Würdenträger zeigt mit dem Finger auf seinen Mund, und blickt dabei in unsere Richtung. Diese autoritäre Geste können selbst wir beide Pilgerbanausen, die wir in diesem Augenblick unbestreitbar sind, nicht ignorieren.

Wir fangen uns wieder, gehen in uns, bemühen uns, der Ernsthaftigkeit der Zeremonie unsere ganze, intakte, ehrliche, pilgerwürdige Aufmerksamkeit zu schenken.

Das spanische Fernsehen ist zugegen.

So etwas hat es noch nicht gegeben, dass ein Pilger und eine Pilgerin den Camino gehen und anschließend in Santiago heiraten.

Der spanische Würdenträger nickt jetzt in meine Richtung.
»Los, steh off, du bischt dran.«
»Mennsch de?«, flüstere ich Bernd mit weichen Knien zu.
»Jo, odder brauchsch de veleicht e Extrainladung?«
Er scheint noch nervöser zu sein als ich.
»Bisch de sicher, dass ich ehwe gemennt war?«
»Jo. Wenn de noch länger wartscht, feiere die ball Silbernie Hochzeit.«
Ich kann nicht einmal über den Witz lachen, stehe auf, wie von meinem Pilgerbruder befohlen, und mit etwas wackligen Beinen trete ich vor die Beiden, und befinde mich jetzt links neben dem Altar.
Bernd ist hinter mir und fotografiert fleißig.
Was soll das eigentlich, denke ich plötzlich sehr ernst und selbst hinterfragend, *muss ich mich, allein unter allen, so aufspielen und produzieren, wieder einmal den großen Solisten markieren, der eine ganze Hochzeit unterhält? Brauche ich das? Vor den Traualtar treten, dazu noch in der Kathedrale von Santiago, um dann später viel Lob und Schulterklopfen zu ernten? Leide ich an Profilneurose? Ist mein Geltungsbedürfnis tatsächlich so ausgeprägt, dass ich nichts, aber auch gar nichts auslassen möchte? Habe ich das nötig? Lechze ich danach?*
Demut sieht wahrlich anders aus.
Aber ich tue es trotzdem. Und zwar für Hermann und Danuta. Nicht für mich, für keinen Pilger sonst, für niemand anderen. Und ich weiß, dass ich es von Herzen tue, dass es meinem Pilgerbruder und meiner Pilgerschwester, die heute hier vermählt werden, gefällt. Ich weiß, dass es sie anrührt, wenn ich mein Gedicht vortrage im Namen aller anwesenden Pilger. Denn sie wünschen sich nichts anderes als diese Pilgerhochzeit.
So lese ich das versprochene Gedicht, das ich tags zuvor erst geschrieben habe, ganz langsam und so feierlich wie möglich vor. Dagmar hat es fein säuberlich in Schönschrift auf eine riesige Glückwunschkarte übertragen. Sie hat sich viel Mühe gegeben. Ich kann die Handschrift gut entziffern. Die Pilger haben wäh-

rend der Messe ihre Namen darunter gesetzt. Jeder hat unterschrieben. Auch die Tussizicke. Alle möchten ihren Beitrag leisten, sind stolz, dieser Hochzeit beiwohnen zu können. Und es ist eine ganz besondere Hochzeit. Ich beginne:

Liebe Danuta,
lieber Hermann,

der Weg nach Santiago hin
machte für euch beide großen Sinn

Denn ihr gebt euch heute das Ja-Wort
an diesem heiligen Ort

Und wir Pilger sind dabei
es ist uns nicht einerlei

wenn zwei von uns sich heute vermählen
einen besseren Ort konntet ihr nicht wählen

Der Weg hat gezeigt
dass ihr euch gut versteht

und gerne
miteinander geht

Wir Pilger sind zahlreich gekommen
denn wir haben wie ihr diesen Weg genommen

Wir wünschen euch ein langes Glück
und immer wieder den Blick zurück

auf den heutigen Hochzeitstag
dass es euch auf dem gemeinsamen Weg immer gut gehen mag.

Eine gewisse Ergriffenheit stellt sich ein. Viele Pilger weinen. Auch Hermann ist übersensibilisiert, die Tränen laufen ihm während meines Vortrags die Wangen hinunter. Es fällt mir schwer, das Gedicht daraufhin zu Ende zu bringen, da auch ich sehr emotional bin in diesem Augenblick. Aber es ist mir irgendwie mit äußerster Kraftanstrengung gelungen.

Hermann und Danuta dann in der Sakristei zur Unterschrift.

Wir warten voller Spannung. Das soll jetzt der krönende Abschluss der Feier werden. Der krönende Abschluss unseres Pilgerweges. Der krönende Abschluss für Hermann und Danuta. Jetzt kommen sie endlich.

Hermann schaut irgendwie, als könne er nicht glauben, was er da sieht. Danuta ist die Überraschung auch ins Gesicht geschrieben. Ganz langsam, fast zögerlich kommen sie näher. Mit sehr viel Stolz in ihrem Blick. Denn wie auf Kommando Spalier der Pilger mit ihren Stöcken. Hermann und Danuta defilieren hindurch.

Hermann ruft immer wieder: *Halleluja, halleluja.*

Er ist ein lustiger, ein positiver Typ. Wir freuen uns sehr für die Beiden. Viele Schulterklopfer nachher bei der Feier. Umarmungen, Sekt und Bier. Viel gelacht.

Wir sind alle ans Ziel gekommen. Das verbindet. Wir haben den Weg geschafft. Bei dem einen oder anderen war das nicht immer selbstverständlich. Einige haben sich durchgebissen, sie sind einfach weiter gegangen, in der Hoffnung irgendwann anzukommen. Sie haben sich regelrecht durchgepeitscht, sich gequält, sich nichts geschenkt, nichts gegönnt, alles eingesteckt, um ihr Ziel Santiago zu erreichen.

Ich habe eine gewisse Ehrfurcht vor ihnen.

Die Pilger sind jetzt alle in bester Stimmung. Nichts kann ihre Laune mehr trüben.

Schließlich Live-Schaltung des spanischen Fernsehens. Zum richtigen Zeitpunkt. Der Reporter gibt uns ein Zeichen und wir legen los wie die Feuerwehr.

Dagmar hat spanische Schwiegereltern. Sie ruft an. Wir sind tatsächlich im spanischen Fernsehen live zu sehen. Am nächsten Tag sind die Zeitungen voll. Auf der Titelseite: *Hermann und Danuta.* Ein schönes Paar. Wunderbar. Sie haben es verdient.

Dann zum Essen mit einigen Pilgern, die sich uns anschließen. Später ein paar Cerveza, einen doppelten Cognac getrunken. Zur Desinfizierung, wie Bernd und ich immer behaupten. Aber eigentlich primär zur Feier des Tages.

Denn so etwas wie diese Pilgerhochzeit erlebt man schließlich nicht alle Tage seines bescheidenen Lebens.

»Hasch de alles in dich offgenomm?«, frage ich Bernd.

»Ich war noch fleißischer wie e Staubsaucher.«

»So was erlehwe mir nimmeh.«

»Niemols meh in unserm Lehwe.«

»Unn mir ware debei.«

»Jo, mei Pilscherbruder, mir ware debei.«

Ich resümiere zum Schluss meiner Pilgerreise:

Ich bin Gott nicht begegnet.
Aber er schickte mir zum richtigen Zeitpunkt immer die richtigen Pilger.
Viele unterstützten mich.
Auch Bernd, der seine eigenen Probleme hatte und hat.
Ich danke dir dafür, mein Freund und Pilgerbruder.
In Galizien habe ich mich mit dem Camino versöhnt.
Ich lernte ihn besser kennen und verstehen.
Er hat mir die Sporen gegeben, ich habe mich teilweise gequält, aber gelernt, damit umzugehen.
Den Camino habe ich anfangs nicht sonderlich gemocht.
Zum Schluss habe ich ihn geliebt.
Er hat mir viel gegeben.
Vertrauen in meine ureigene Kraft und Beständigkeit, in meine Konsequenz und Disziplin, etwas durchzustehen.
Ich hoffe, toleranter geworden zu sein, den Menschen in Zukunft

ohne irgendwelche Vorurteile zu begegnen, Arroganz abzuschütteln wie eine lästige Fliege.
Und zuzuhören, weiter zu beobachten und aufzunehmen.

Ins Tagebuch schreibe ich spät am Abend auf saarländisch dieses kleine Gedicht:

Santiago
mir sinn do unn sinn soooo froh
Mir hanns geschafft
de Camino hat uns nett dahingerafft
Er war nett immer scheen oft sehr schwer
manchmal fande mer Zeit für innere Einkehr
Mir hann viel gelacht
uns mancher Gedanke gemacht
Hann jede Da e Stempel kriet
weil er nett viel wied
Hann fleißisch unser Rucksack gepackt
das iss Fakt
Unn tapfer unsere Sache gewasch
immer sehr rasch
Mir sinn iwwer 500 Kilometer gang
hin unn wedder bei Gesang
Oft in Einsamkeit veeint
unn de ehn odder de anner hat geweint
Awer mir sinn ankomm in Santiago
Bon Camino.

14. Juni 2007

Letzte Etappe Santiago – Finisterre

In Finisterre 8 km zu Fuß

Mit dem Bus morgens früh los. Über zwei Stunden Fahrt. Margret, Dagmar und Rudi sind dabei. Bernd und ich schlafen eine längere Strecke, weil wir eine anstrengende und teils auch sehr unerfreuliche Nacht hinter uns haben.

Ich möchte an dieser Stelle auf ausdrücklichen Wunsch der Betroffenen nicht auf nähere Einzelheiten eingehen. Und mit den *Betroffenen* meine ich nicht Bernd und mich. Jedenfalls sind wir ziemlich kaputt, als wir in Finisterre ankommen. Trotzdem laufen wir vier Kilometer bis an das damalige Ende der Welt. Einzigartig. Atemberaubend. Das Meer stets vor Augen. Die ganze Busfahrt über Regen. Jetzt eitel Sonnenschein. Blauer Himmel, sehr warm, aber windig. Extrem windig. Wunderbarer Horizont. Irgendwo da drüben Amerika. Ein tolles Panorama. Sonne, Wolken und aufgepeitschtes Meer.

Wir bleiben nicht lange, verlassen schon nach einer Stunde wieder *das Ende der Welt*, laufen nach Finisterre zurück, und essen recht hastig zu Mittag, denn gegen 14:15 Uhr fährt der Bus schon wieder in Richtung Santiago.

Auf der Heimfahrt regnet es in denselben, die Decke ist undicht, und die Hutablage wackelt bedenklich. Wir lachen. Nehmen das nicht so Ernst. Wer kann uns noch etwas anhaben. Wir sind Helden. Angekommene Pilgerhelden. Und genau das sage ich Bernd.

»Iss das meh wie Knappschaftsälschder?«, fragt er mich daraufhin in seiner trockenen, humorigen Art.

»Viel meh. Es gibt kenn Titel, der höher se bewerte iss.«

»Bisch de do ganz sicher?«

»Selbscht Minischterpräsident iss dogeje e Klax.«

»Heer off, wenn ich jetzt anfange se lache, fallt die Hutablage runner. Die Garantie gepp ich dir.«

»Do wärr ich jo liewer nass. Wenns rinnrehnt hann ich wennischtens e Iwwerlehwenschance.«

»Am beschde setzsch de dich nehwe de Busfahrer. Do brauchsch de kenn Evakuierungsplan. Demm rennsch de ehnfach noh, wann de Bus in sei Ehnzelteile vefallt.«

Abends zum Essen. Rudi möchte ein Bier bestellen, sagt zur Kellnerin: *Senora bittscheen e little Cerveza por favor.*

Wir lachen.

In einem Satz hat er drei Sprachelemente vereinigt, nämlich schwäbisch-deutsch, englisch und spanisch.

Guter Mann.

Anmerkung:
Der Stetson hat uns auf unserem gesamten Weg große Hilfe geleistet. Ebenso unsere Wanderstöcke. Bernd und ich sind in 21 Etappen insgesamt 513 Kilometer gelaufen.

Weitere Anmerkung:
Im Hotelzimmer nach der Hochzeit meint Bernd lakonisch: »Enns ist sicher: Hermann und Danuta erlehwe die Goldene Hochzeit nimmeh.«
Wir lachen uns schief. Aber vermutlich hat er Recht. Hermann ist 47, Danuta 50.
War aber von Bernd nicht böse gemeint.
So weit kenne ich ihn nach 513 gemeinsam bewältigten Kilometern.

Cap Finisterre

Noch eine Anmerkung:
Meine Wanderschuhe riechen stark, um nicht zu sagen, sie stinken. Bernd meint verschlagen, ich solle sie doch auf den Balkon stellen. Balkon ist leider nicht vorhanden. Aber ich hätte es beinahe getan.

Eine letzte Anmerkung:
Auf dem gesamten Camino habe ich keine einzige deutsche Zeitung entdecken können. Außerdem sprechen die Spanier kein Englisch. Es ist manchmal schwer, sich mit ihnen zu verständigen.

15.Juni 2007 Letzter Tag

Einkaufsvormittag. Geschenke für Familie gekauft. Dann Frühschoppen in einer Bar in der Nähe der Kathedrale. Ich führte ein intensives Gespräch mit Bernd. Wir haben gute Musik dazu gehört. Zum ersten Mal wirklich gute internationale Musik.

Gegen zwölf Uhr treffen wir uns mit Margret, Dagmar, Rudi und Achim an der Kathedrale. Burkhard ist auch dabei. Bernd und ich verspäten uns etwas.

Wir folgen Burkhard in ein recht gutes Restaurant. Gute Mittagstischpilgertruppe.

Dann kleines Bonmot am Rande.

»Ich kann mei Jeans nimmeh siehn«, sage ich zu Bernd. Ich trage sie jetzt schon vier Wochen nach jeder Wanderung.

»Ich kann se a nimmeh siehn«, antwortet er schlagfertig.

Um 14:00 Uhr Aufbruch. Margret und Dagmar fliegen um 17:00 Uhr nach Hause. Wir begleiten sie noch ein Stück. Dann Trennung. Rudi wird mit ihnen zum Flughafen fahren. Wir treffen ihn dann später. Nachrichten per SMS.

Wir umarmen uns alle. Dagmar meint, *sie würde mich nie vergessen.*

Margret sagt zum Abschied:
Ich liebe dich von ganzem Herzen.

Ich verstehe, wie sie das meint. Bernd und ich haben ihrer Tochter geholfen. Sie weiß das zu schätzen.

Ich bin beeindruckt.

Bernd und ich suchen wieder die Bar mit der guten Musik. Ich steuere sie gezielt an. Bernd möchte in die andere Richtung gehen.

»Unsinn, do vorne iss die. Jede Wett«, korrigiere ich ihn.

»Im Lehwe nett. Do müsse mer hin.«

»Wenn ich dir nohlaafe würd, wäre mer morje in Mailand. Do geht's lang.«

Und tatsächlich finde ich die Bar auf Anhieb. Erstaunt stelle ich fest, dass mein Orientierungssinn hier auf dem Camino ziemlich ausgeprägt ist. Zu Hause finde ich nicht einmal ein Scheunentor, wenn ich kurz davor stehe. Bernd klopft mir auf die Schulter.

»Gutt gemach. Hätt ich dir gar nett zugetraut.«

»Do siehsch de mol, wie man sich in de Leit täusche kann«, und füge in meiner groß ausgeprägten, demutsvollen Bescheidenheit hinzu, »ich bin ehwe de Bescht.«

»Wer bestreitet das? Wo isser? Wo laafder rum? Wo vesteckelter sich? Der Feischling. Ich mach ne kalt.«

»Du willscht dich doch nett iwweranstrenge unn mit de Große anleje?«, verspotte ich ihn.

»Besser kleen unn off Zack als groß unn e Mack.«

»Besser groß unn schlau als kleen unn meischdens blau.«

»Wenn de jetzt nett dei Dichterschandmaul halscht, kann es sinn, dass de gleich fallscht.«

Wir prusten los vor Lachen, bleiben eine Weile in der Bar, blödeln weiter herum, veralbern uns gegenseitig, haben Zeit. Alle Zeit der Welt. Können sie uns einteilen wie wir wollen.

Und wir teilen sie uns lange genug ein. Mehrere Bierlängen.

Später fahren wir dann mit dem Taxi ins Hotel.

Wir laufen keinen Schritt mehr zuviel.

Am »Ende der Welt«

Die Ansage lautet klipp und klar: Füße schonen, verwöhnen lassen.

Im Hotel machen wir uns kurz frisch, schreiben ein paar SMS, ich vervollständige meine Tagebuchaufzeichnungen, dann essen wir in unserer Anlage eine Pizza.

Und warten auf Rudi.

Er kommt spät, aber er kommt. Es wird eine lange Nacht. Wir reden uns schwindlig.

Sprechen über das Leben schlechthin, über unsere persönliche Situation, was wir nach diesem langen Weg empfinden, wie wir ihn verarbeiten. Ein konstruktives, offenes Gespräch. Ohne Visier, ohne Maske geführt. Jeder trägt dazu bei. Auch Rudi, der uns mittlerweile vertraut ist, geht ganz aus sich heraus. Ich bin übersensibilisiert, immer noch berauscht von den Eindrücken der letzten Wochen. Ich stemme mich dem Augenblick mit Stolz und Nachdenklichkeit entgegen, ziehe Bilanz meines bisherigen Lebens. Viele kleine Siege und viele größere Niederlagen. Mein so sprichwörtliches Selbstbewusstsein hätte im Laufe der Jahrzehnte viel mehr Kratzer abbekommen müssen. Aber ich habe mich immer entschieden dagegen gewehrt, meine Fassade bröckeln zu lassen, ich habe mich regelrecht dagegen gestemmt mit äußerster Selbstdisziplin. Auch mit Selbstverbrämung, kleinen und größeren Tricks. Ich bin trotzdem nicht der alte geblieben. Vieles verlor sich auf der Strecke. Und kommt nun allzu klar und beharrlich zum Vorschein beim Erreichen des Ziels. Ich bin oft mit meiner Art, mit meinem Wesen, mit meinem Auftreten unzufrieden, bin im Unreinen mit mir, tue dann so als ob, und gerade jetzt erkenne ich in der manchmal hässlichen Fratze meines ureigensten Ichs völlig unerwartet mein blasses Gesicht. Keine Chance, mich da heraus zu winden. Ich war immer launisch gewesen, allzu impulsiv, mit Worten schnell bei der Sache, ohne an die möglichen Folgen zu denken. Ich verletzte mich selbst und nicht nur andere dabei. Ich habe es immer wieder getan. Und doch ist Konstanz meine Sache nicht. Ich bin ein leicht zu verbiegender Mensch, dem die Vorsätze von heute schon morgen nicht mehr so unbedingt wichtig sind, dem ein manches Mal die Geradlinigkeit fehlt. Ich bedauere diesen Umstand sehr. Denn Vorsätze implizieren Grundsätze, sind sozusagen ihre Eltern. Ich stoße vieles von mir weg. Aber nicht in diesem Moment. Jetzt schaue ich ungeschminkt in den Spiegel, mustere meine poröse Haut bis auf die Knochen und erkenne jemanden, der manchmal gerne ein anderer wäre. Der sein Leben kritisch überdenkt. Und es auch weiterhin tun sollte. Selbst hier in Santiago mit Rudi und Bernd gemeinsam beim Flatrate-Bier-Trinken.

16.Juni 2007 07:30 Uhr Aufbruch und Abflug

Mit Taxi und Rudi zum Flughafen.

Das Flugzeug startet um 09:40 Uhr. Rudi hat zwar erst am Dienstag, dem 19.6.2007, den Rückflug nach Frankfurt-Hahn gebucht, aber er hofft darauf, dass die Maschine nicht voll besetzt ist, und er schon heute einen Flug bekommt. Allein halte er es nicht aus in Santiago. Er kenne ja jetzt keinen Pilger mehr, da sie alle entweder weiter gezogen oder bereits nach Hause geflogen sind.

Hoffentlich bekommt er einen Platz.

Wir drücken ihm die Daumen. Er hätte früher reagieren müssen. Ich sage es ihm schon seit Tagen. Aber Rudi ist etwas bequem, macht sich keine allzu großen Gedanken, lebt nach dem Motto: es kommt wie es nun mal kommen muss.

Ein wahrer Fatalist. Rudi am Umbuchungsschalter. Ich gehe zu ihm. Möchte ihn unterstützen. Sieht schlecht aus. Flug würde 280 Euro zusätzlich kosten. Nur wenn er in einer Gruppe umbuchen würde, käme es ihn billiger, müsste er noch 100 Euro bezahlen.

Rudi ist konsterniert. Schüttelt den Kopf. Nein, zu teuer. Hat keinen Wert.

»Tut mir Leid, Rudi.«

»Schon gut. Muss damit fertig werden.«

»Komm, wir gehen noch einen *Cafe con leche grande* trinken.«

»Nein, danke, ich gehe lieber gleich. Sonst fällt es mir zu schwer.«

Er verabschiedet sich mit Tränen in den Augen von Bernd und mir. Wir umarmen uns. Rudi winkt uns zu, und ist dann schnell verschwunden.

»Servus, du Pilger. Wir werden uns irgendwann wieder sehen.«

Und euch allen ihr lieben Pilger: BON CAMINO.

Nachtrag:

Eben zu Hause Anruf von Rudi. Er teilt mir mit, dass er schon am Sonntag, dem 17.6.2007, von Santiago heim geflogen ist. Es sei ihm einfach zu langweilig gewesen ohne uns. Er habe kurzfristig umgebucht, sei mit Burkhard mit Air Berlin über Mallorca,

wo er zwei Stunden Aufenthalt hatte, nach Berlin geflogen, und von dort mit dem Zug nach Nürnberg weiter gereist.
Es gehe ihm gut.
Viele Grüße auch an Bernd.

Ankunft am Hölschberg in Biesingen

Endlich wieder daheim

Bei der Ankunft zu Hause wunderbarer Empfang von Familie, Bekannten, Nachbarn und Freunden.

Ich laufe mit Bernd den Hölschberg hinauf. Dieser Gedanke hat sich seit drei Tagen in mir festgesetzt. Bernd erfüllt mir den Wunsch. Begleitet mich. Gut so. Allein wäre ich nicht gegangen. Wir sind so lange zusammen gelaufen. Also sollten wir auch dieses letzte Stück gemeinsam gehen.

Margret und Anni, die uns von Hahn abgeholt haben, setzen uns an den ersten Häusern des Hölschbergs ab. Margret ist Bernds Schwester. Anni seine Cousine. Sie hat uns an einem

Sonntagnachmittag in ihrem Haus bei selbstgebackenem Erdbeerkuchen, übrigens meinem Lieblingskuchen, in mühevoller, geduldiger Kleinarbeit die notwendigste Überlebensformulierung in Spanisch beigebracht wie: *Dos Cerveza grande por favor.* Aber nein, natürlich haben wir mehr als das gelernt. Und es war sehr hilfreich. Vielen Dank Anni.

Wir laufen los. Bei bestem sonnigen Wetter. Stolz wie die Spanier. Mit Rucksack, Stetson, Sonnenbrille und Vollbart. Viele grüßen uns unterwegs. Einige erkennen mich gar nicht. So wie ich aussehe.

Ich erreiche schließlich mein Haus. Ein großes Empfangskomitee steht bereit. Mein Freund und Nachbar Bernhard Wendel lässt die Nationalhymne ertönen, die Deutsche Fahne wird gehisst.

Ich bin überrascht. Fast alle meine Verwandten, Freunde, Nachbarn und Bekannten sind anwesend.

Ein riesiger Empfang, mit dem ich in keiner Weise gerechnet habe.

Ich bin jetzt doch ziemlich ergriffen. Ich weiß nicht, was ich sagen soll. Schweigen. Ich schlucke. Suche nach Worten. Ein Mann wie ich. Nicht zu glauben. Dann finde ich mich wieder.

Disziplin, ehemaliger Pilger.

Ich rede. Ich weiß nicht was ich rede. Es wird nicht ganz falsch gewesen sein.

Sie klopfen mir auf die Schulter, nehmen mich in den Arm.

Anschließend gab es für Bernd und mich eine extra Portion Schwenkbraten mit Kartoffeln und Gemüse. Und sehr guten Kuchen für alle, die da geblieben sind. Und den haben sie sich auch redlich verdient.

Bernd ist dann gegangen.

»Es war mir eine Ehre, mit dir zu pilgern«, verabschiede ich mich mit diesen feierlichen Worten.

»Brüder für immer und ewig«, erwidert er genauso ergriffen.

Wir umarmen uns.

Und umarmen uns noch immer.

Abschied unter Freunden

Alle übrigen sind sitzen geblieben.

Ich habe lange geredet. War in meinem Element. Sie haben gerne zugehört, wie ich unschwer bemerken konnte.

Ich hatte auch *so viel* zu erzählen.

Ich musste alles, was mich beschäftigte, begleitete, bewegte, irritierte, nachdenklich, melancholisch, traurig, glücklich, nostalgisch, zufrieden stimmte, los werden. All dies.

Jetzt und hier in diesem Kreis.

Und muss es so schnell wie möglich in einem Buch unterbringen.

In *meinem* Buch. Und in Bernds Buch.

Es soll so authentisch wie möglich sein.

Nichts darf ich vergessen, nichts auslassen.

Alles war wichtig, alles ist geschehen.

Und Bernd und ich waren mitten drin, sozusagen live dabei.

Wir sind glücklich angekommen, wieder zu Hause.

Endlich!

Lieber Weg ich danke dir
Du hast mir viel genommen
Du hast mir aber auch viel gegeben
Ich werde oft an dich denken
Und ein Buch über dich schreiben
Über dich und deine Pilger
Über deine Wege und ihre Beschaffenheit
Über deine Berge und Täler
Über deine unendlichen Weiten
Über deine Schönheit und deine Härte
Und über deine Einsamkeit

Wir werden uns irgendwann wieder sehen.

Nachwort

Dieses Buch ist keineswegs von der Intention geleitet, die Illusion Jakobsweg zu zerstören. Dieser Weg ist und bleibt Herausforderung, Eindruck und Erfahrung.

Aber der Camino ist seit Hape Kerkelings Buch zu einer Pilgerautobahn mutiert.

Die Pilger gehen diesen Weg aus unterschiedlichen Gründen und Motiven.

Sie sollten ihre Impressionen ehrlich weitergeben. So wie ich es getan habe.

Meine Eindrücke des Weges waren sehr unterschiedlich.

Auf vielen Wegen fühlte ich mich inspiriert.

Einige Wege haben wegen ihrer Schönheit richtig geschmerzt.

Manche Wege verliefen parallel neben stark befahrenen Schnellstraßen. Sie stimmten mich zum Teil ängstlich und deprimiert.

Viele Wege waren Einsamkeit pur.

Andere führten in die Unendlichkeit.

Schmerzwege prägten den Camino.

Ich habe mich von Pilgern *beeindrucken* lassen, die wahre Pilger waren. Nichts konnte sie zermürben, ihre Stimmung trüben.

Sie waren geprägt von abwartender Gelassenheit.

Sie haben angenommen, was ihnen der Weg vorsetzte.

Ohne Murren, ohne Klagen.

Die Zeit spielt auf dem Camino keine Rolle. Man verliert das Gefühl für sie.

Ein Negativeindruck war dieses Pilgerwettrennen, der Kampf um die Betten.

Ich konnte zur Hälfte meiner Pilgerreise nicht ernsthaft behaupten, besonders inspiriert worden zu sein.

Bis dahin hatte ich keine besonderen Erlebnisse, die meinen Gesamteindruck hätten nachhaltig verändern können.

Die ersten beiden Wochen sind Bernd und ich lediglich mit dem Rucksack durch eine fremde spanische Landschaft gewandert, ohne einen großen Sinn dahinter zu erkennen. Wir kamen dem Pilgerstatus nicht im Geringsten nahe.

Nach vierzehn, zum Teil auch schweren Tagen hatten wir dann endlich unsere Köpfe frei. Die Suche nach uns selbst begann.

Die letzten Etappen fielen uns schwer. Wir hatten uns an das Pilgerdasein gewöhnt, wollten eigentlich gar nicht mehr ankommen.

Ich kann zum Schluss des Weges nun ernsthaft behaupten, eine gewisse innere Einkehr gefunden zu haben.

Ich lasse mich nicht mehr so schnell aus der Ruhe bringen, bin irgendwie gelassener geworden, kann Wichtiges von Unwichtigem besser unterscheiden.

Vielleicht habe ich auch gelernt, dem Leben gegenüber dankbarer zu sein. Ich lerne wieder, ganz Alltägliches zu schätzen.

Der Camino hat auch Bernd geprägt.

Er fasste Entschlüsse, die er zu Hause sukzessive konsequent in die Tat umsetzen möchte, wie er mir im Nachhinein auf Nachfrage versicherte.

Auch wenn sie noch so schmerzlich für ihn und andere seien.

Der Weg habe ihn ein gutes Stück voran gebracht.

Er ist wieder zuversichtlicher, was seine persönliche Lebenssituation betrifft.

In diesem Sinne ***Bon Camino***

Nicht zuletzt danke ich meinen Wanderschuhen,
mit denen ich bis Santiago lief.
Sie werden ein würdiges Andenken erhalten.

Ich danke auch meinem Rucksack, der Heim und Familie für mich war.
Und meiner Frau und meiner Tochter für ihre Liebe und ihr Verständnis.
Und denjenigen, die mich auf verschiedene Art und Weise anstachelten, unterstützten, aufmunterten, mich wieder zum Leben erweckten.
Sie alle haben mir geholfen.

Auch danke ich meinem Tagebuch, das ich stets akribisch führte, sogar während der Wanderphasen, was mir erst ermöglichte, dieses Buch zu schreiben.

Und ich danke dem einen Pilger, der immer bei mir war.
In meinem Körper und in meiner Seele.
Sein Name bleibt mein Geheimnis.

Klaus Maria Müller, Biesingen, 16.10.2007.

Der Autor:

Klaus Maria Müller ist 53 Jahre jung, verheiratet, er hat eine Tochter.
Seit 1980 ist er im Landeskriminalamt Saarbrücken als Angestellter beschäftigt.
Er wohnt mit seiner Familie in Biesingen im schönen Bliesgau.
Bisher hat er drei Bücher veröffentlicht.
Seine Hobbys sind Fußball, Wandern und Schach.
Seine größte Passion aber das Schreiben.

Der Fotograf:

Bernd Schmidt ist 49 Jahre jung, verheiratet, er hat zwei Töchter und vier Enkelkinder.
Er ist ebenfalls im Landeskriminalamt in Saarbrücken als Angestellter beschäftigt.
Seit einem knappen Jahr wohnt er in Klarenthal.
Auf dem Camino hat er mit fast 600 Aufnahmen dafür gesorgt, dass die Erinnerung an diesen Weg nie verblassen wird.